Jede Menge Flötentöne!

Die Schule für **Sopranblockflöte** mit Pfiff

Barbara Ertl

Mit Illustrationen von
Wolfgang Steinmeyer

Barbara Ertl wurde 1960 in Stephanskirchen bei Rosenheim geboren. Nach einer musikalisch geprägten Kindheit in Oberbayern studierte sie in Salzburg am Orff-Institut der Hochschule für Musik Mozarteum und in Nürnberg am Meistersinger-Konservatorium Elementare Musikpädagogik und Blockflöte. Es folgten eine Zusatzausbildung für den Instrumentalunterricht in der Sonderpädagogik und ein Aufbaustudium in allgemeiner Musikpädagogik.
Viele Jahre arbeitete sie als Dozentin für Methodik und Lehrpraxis Blockflöte an der Hochschule für Musik Nürnberg. Sie ist seit langem als Musiklehrerin und Musikerin in Nürnberg tätig und hält Fortbildungen zu musikpädagogischen Themen.

Ein herzliches Dankeschön an alle, die zum Entstehen und Gelingen dieses Buches beigetragen haben!

Impressum

VHR 3619-DL / ISMN 979-0-2013-1078-7 / ISBN 978-3-86434-165-6

Notensatz:
Regina Krauß, Speyer

Gestaltung:
Barbara Ertl

Illustrationen:
Wolfgang Steinmeyer, Waltenhofen

www.holzschuh-verlag.de

Inhalt

Die Audiodateien können unter

https://download.holzschuh-verlag.de

kostenlos heruntergeladen werden.

Der Download-Code befindet sich auf der letzten Seite dieses Buches.

Anmerkungen zur Download-Auflage 2022

In einer Zeit wachsender Sensibilität für Themen wie Rassismus und Diskriminierung möchten wir unseren Beitrag leisten, dass Lieder, die rassistische Denkmuster enthalten sowie klischeehafte bildliche Darstellungen, die diese Denkmuster bedienen, nicht mehr unreflektiert von Generation zu Generation weitergegeben werden. Wir haben deshalb an einigen Stellen nicht mehr zeitgemäße Lieder und Illustrationen, die in den bisherigen Auflagen (VHR 3619 / VHR 3619-CD) beinhaltet waren, ersetzt bzw. weggelassen.

Liebe Flötenspielerinnen und Flötenspieler,

nun habt ihr bereits ein ganzes Stück Weg mit der Sopranblockflöte zurückgelegt, könnt viele Lieder und Stücke auf eurem Instrument spielen und wisst schon über viele musikalische Dinge Bescheid.

Aber immer noch gibt es neue Töne, die gelernt werden wollen, und jede Menge Musik, die darauf wartet, von euch gespielt zu werden. Dazu gibt es neue musikalische Begriffe und ungewöhnliche Spieltechniken, die ihr mit Hilfe eurer Lehrkraft verstehen und entdecken könnt.

Wenn euch einmal ein Stück viel zu schwer erscheint, könnt ihr es erst mal weglassen und zu einem späteren Zeitpunkt wieder probieren. Und die ganz hohen Töne am Ende des Buches muss man nicht unbedingt können, sie klingen nämlich ganz schön schrill. Aber man kann sie spielen – und manch einer mag ja vielleicht auch schrille Musik?!

Ob hoch oder tief, ob neu oder alt, ob ungewöhnlich oder ganz vertraut – in jedem Fall hoffe ich, dass auch in diesem letzten Band der Sopranflötenschule wieder jede Menge Flötentöne stecken, die euch Spaß machen und die dazu beitragen, dass euch eure Blockflöte noch ein Stückchen mehr ans Herz wächst.

Dazu sollen auch die Audio-Einspielungen beitragen, die mit dem Download-Code auf der letzten Seite des Buches als MP3 heruntergeladen werden können.

Bei der Vollversion erklingen die Stücke und Lieder in unterschiedlichen Besetzungen und stilistischer Vielfalt. Die Mitspielversion bietet eine Fassung, bei der ihr die Melodie selbst dazu spielen könnt. Manchmal ist das gar nicht so einfach, weil das Tempo vielleicht zu schnell ist und eine Aufnahme ja nicht wie ein „lebendiger" Mitspieler reagieren kann. Lasst euch nicht entmutigen – man muss nicht alle Titel mit Aufnahme musizieren! Vielleicht kann man ja auch nur einzelne Teile oder Motive dazuspielen und dazwischen pausieren. Oder die zweite Stimme spielen, wenn diese einfacher ist. Oder auch zu einem späteren Zeitpunkt, wenn sich das Gelernte bereits „gesetzt" hat, einen neuen Versuch starten. Alles, was euch gefällt, ist erlaubt!

Die Nummerierung ist für Hör- und Mitspielversion identisch und im Buch sowohl direkt bei den Stücken als auch in einer Audio-Liste am Ende angegeben. Viele Lieder und Stücke sind aufgrund ihrer Kürze zweimal zu hören und durch ein Zwischenspiel verbunden. Einsatz und Metrum werden durch ein kleines Vorspiel angegeben. Der Stimmton liegt etwas tiefer als 440 Hz.

Jede Menge schöne und harmonische Flötentöne wünscht euch

Barbara Ertl

A la Nanita Nana

aus Spanien

1

Dm Gm Dm Gm Dm

Gm Dm A7 Dm

Dm Gm Dm Gm Dm

Gm Dm A7 D

D A7 D

D A7 D
Gm Dm A7 Dm
Gm Dm A7 D
Kookaburra
2
trad.
2
1. D G D
Koo - ka - bur - ra sits on an old gum - tree,
2. D G D 3. D G
mer-ry, mer-ry king of the bush is he. Laugh, koo-ka-bur-ra,
D G 4. D
laugh, koo-ka-bur-ra, gay, your life must be ha ha ha!

Die Notenwerte

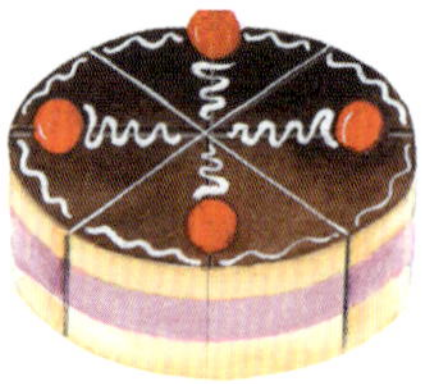	Ganze 𝅝			
	Halbe 𝅗𝅥		𝅗𝅥	
	Viertel ♩	♩	♩	♩
	Achtel ♪ ♪	♪ ♪	♫	♫
	Sechzehntel 𝅘𝅥𝅯𝅘𝅥𝅯𝅘𝅥𝅯𝅘𝅥𝅯	𝅘𝅥𝅯𝅘𝅥𝅯𝅘𝅥𝅯𝅘𝅥𝅯	♬♬	♬♬

Uhrenkanon

Siebenschritt

3

trad.

4

C G G7 C

F C G7 C

F C G7 C

Erbsenspaziergang

B. E.

5

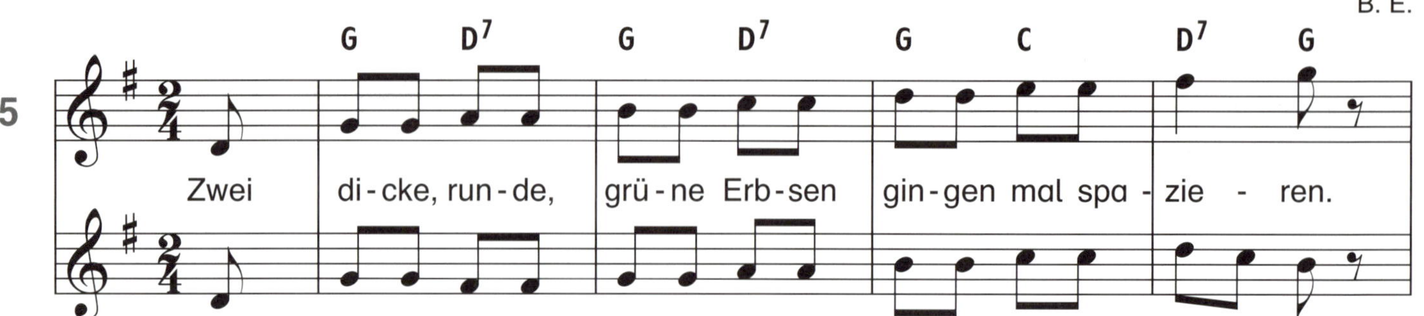

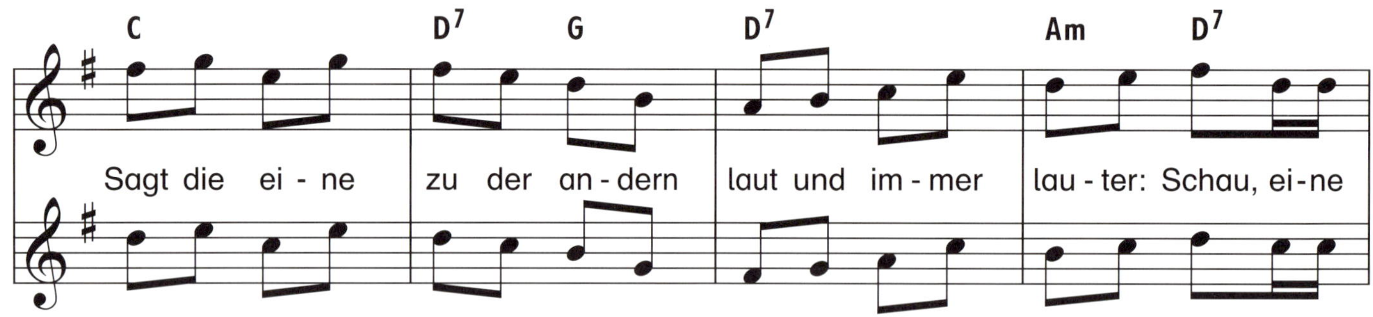

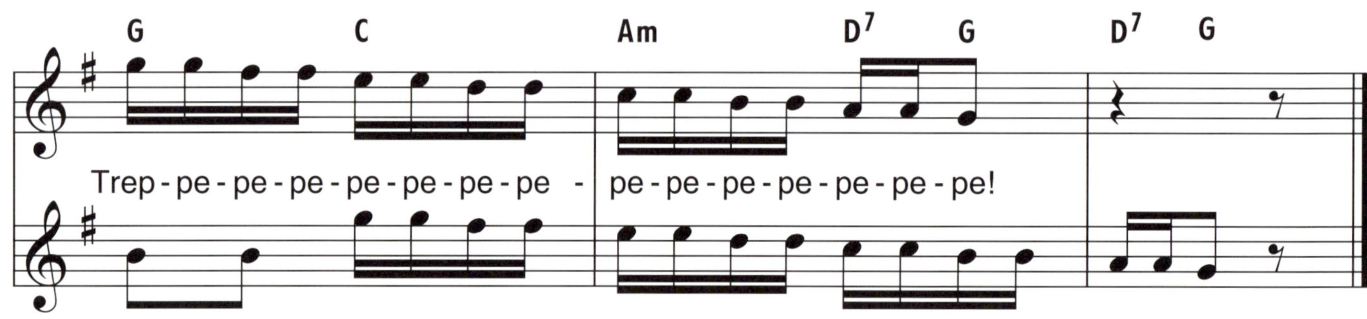

Leitertanz

B. E.

6

C G F C F C G7 C Am Em Am Dm G7 C G F C F G C Dm G7 C

Ecossaise

Schottland, um 1825

7

F C7 F C7 F C7 F C7 F F C7 F

gis' as'

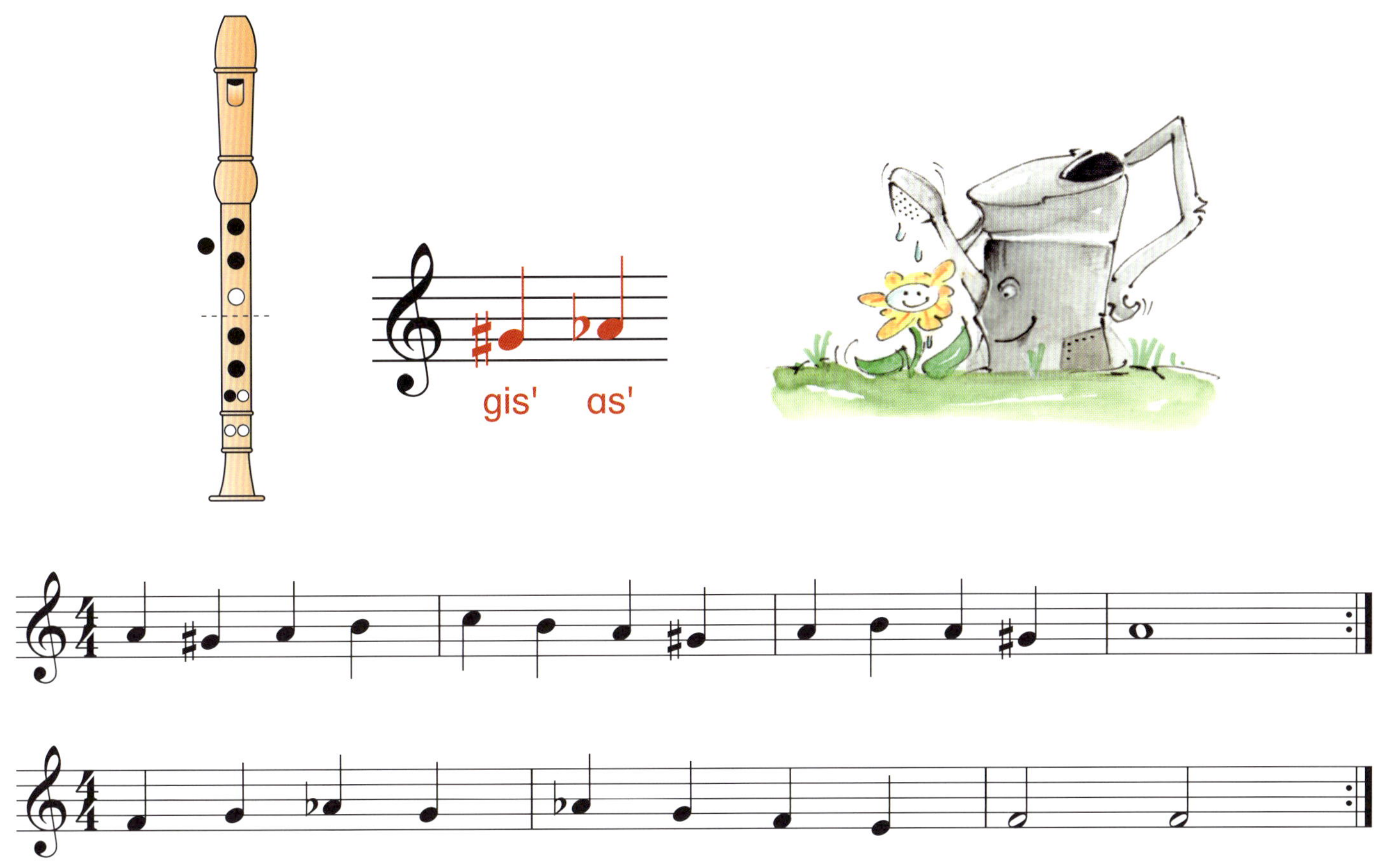

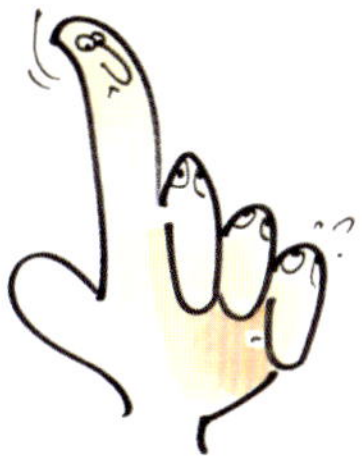

Wenn ich auf der Flöte spiel

B. E.

8

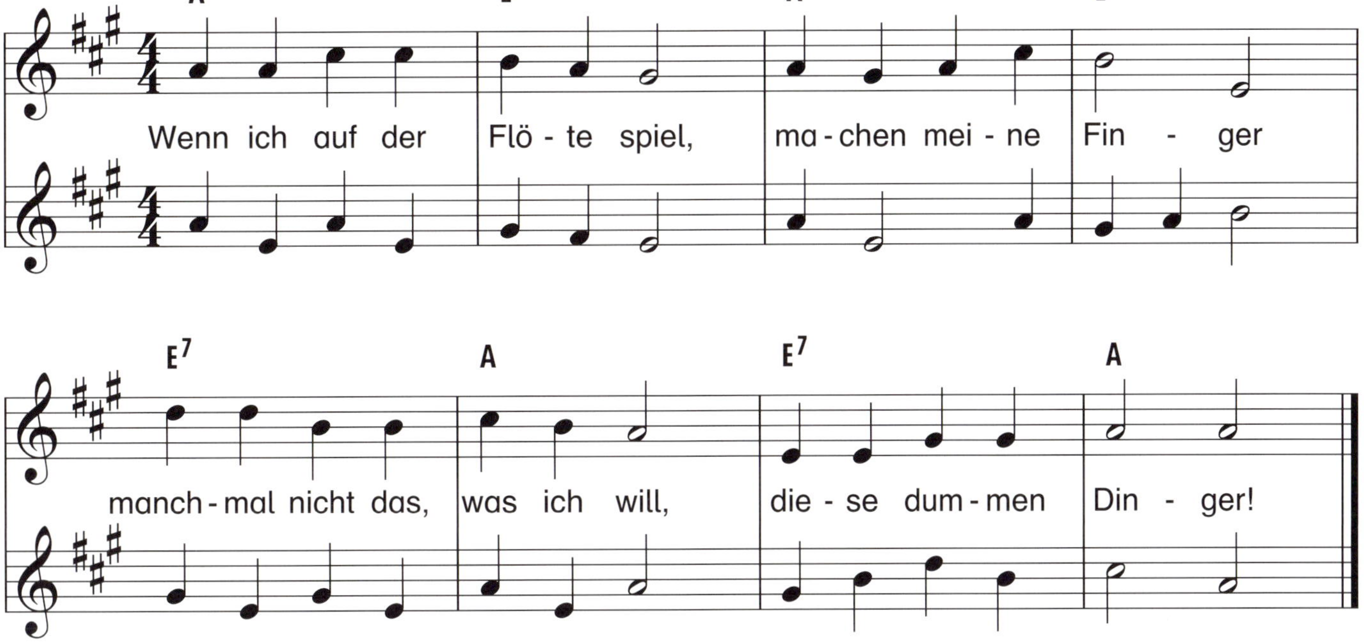
A E A E
Wenn ich auf der Flö - te spiel, ma - chen mei - ne Fin - ger
E7 A E7 A
manch - mal nicht das, was ich will, die - se dum - men Din - ger!

Melodie in Moll

B. E.

9

Am E7 Am E7 Am

Am E7 Am E7

Am E7 Am E7 Am

Dm E7 Am

7 Fehler versteckt!

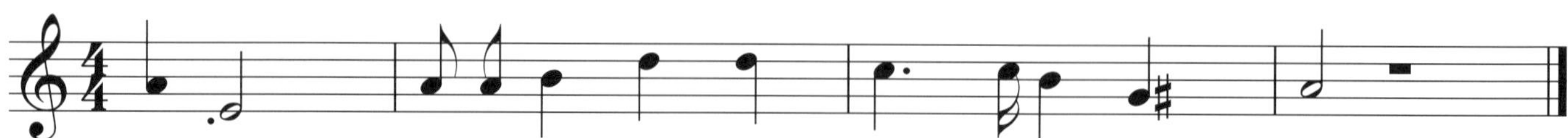

Die Hexe Wackelzahn

Musik und Text:
Bernhard Lins

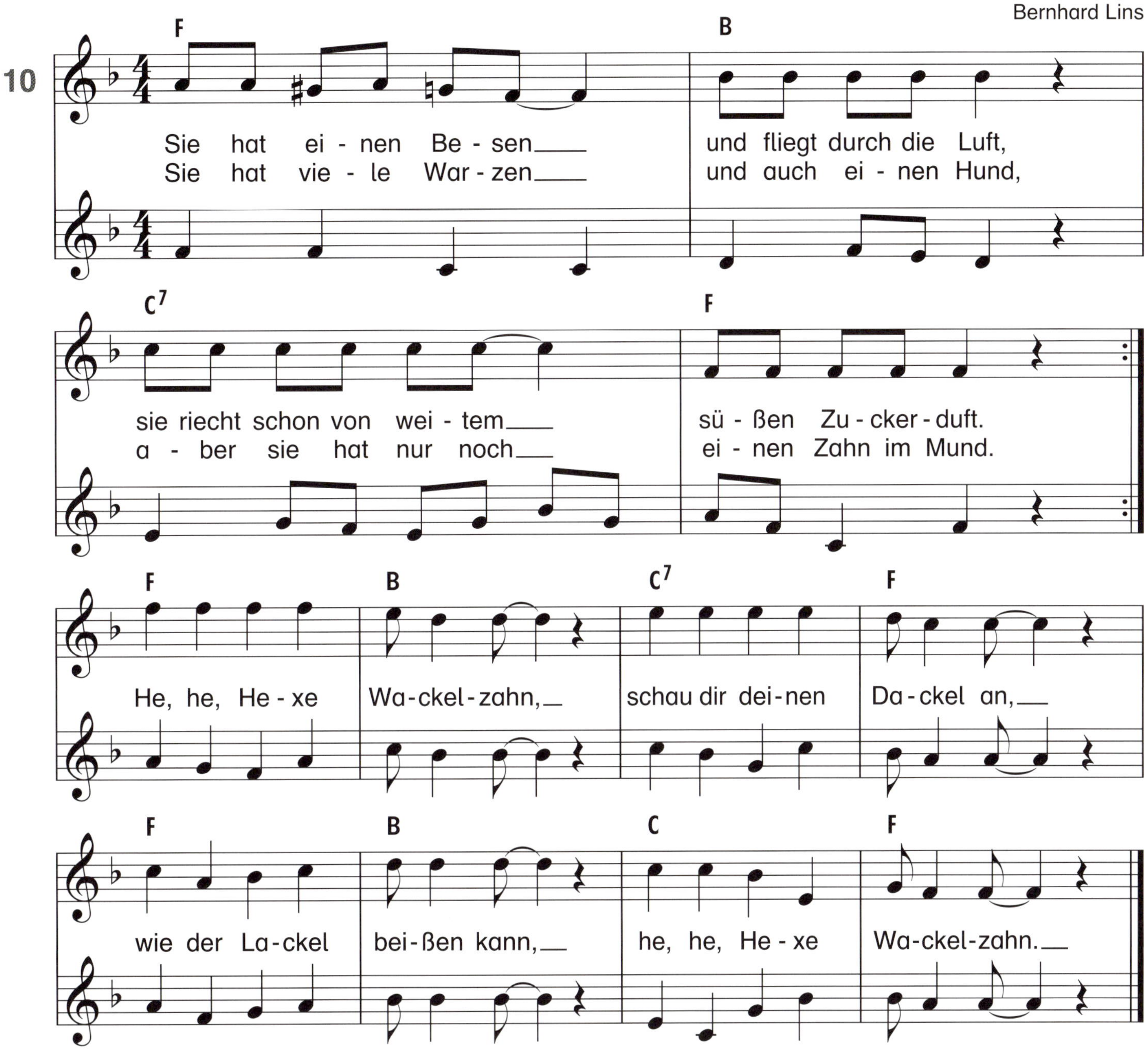

10

Sie hat einen Besen und fliegt durch die Luft,
sie riecht schon von weitem süßen Zuckerduft.

Sie hat viele Warzen und auch einen Hund,
aber sie hat nur noch einen Zahn im Mund.

He, he, Hexe Wackelzahn,
schau dir deinen Dackel an,
wie der Lackel beißen kann,
he, he, Hexe Wackelzahn.

Sauteuse

J.-Ch. Naudot
(ca. 1690–1762)

11

Hinkebein

B. E.

12

Am Em Am

Hin - ke-bein, Hin - ke-bein, Pferd-chen, lass das Hin - ken sein!

Am Em Am

Hin - ke-bein, Hin - ke-bein, lass es lie - ber sein!

A E A

Lauf doch, hopp-hopp-hopp, lau - fe lie - ber im Ga - lopp!

A E A

Lauf doch, hopp-hopp-hopp, lau - fe im Ga - lopp!

Karawanen-Song

(Durch die Wüste ...)

Musik: aus Palästina
Text: Erich Gruber

13

Am E^7 Am

Sum ga - li ga - li ga - li, sum ga - li ga - li,

Am E^7 Am E^7 Am

sum ga - li ga - li ga - li, sum, sum, sum!

Fine

C Dm C

1. Durch die Wüs - te zieht Ka - ra - wan',

C Dm E^7 Am

wirft ein Af - fe mit 'ner Ba - nan'.

D.C. al Fine

2. Trifft Kamel genau auf die Nas'.
Dies geschah bei einer Oas'.

Ten Green Bottles

trad.

14

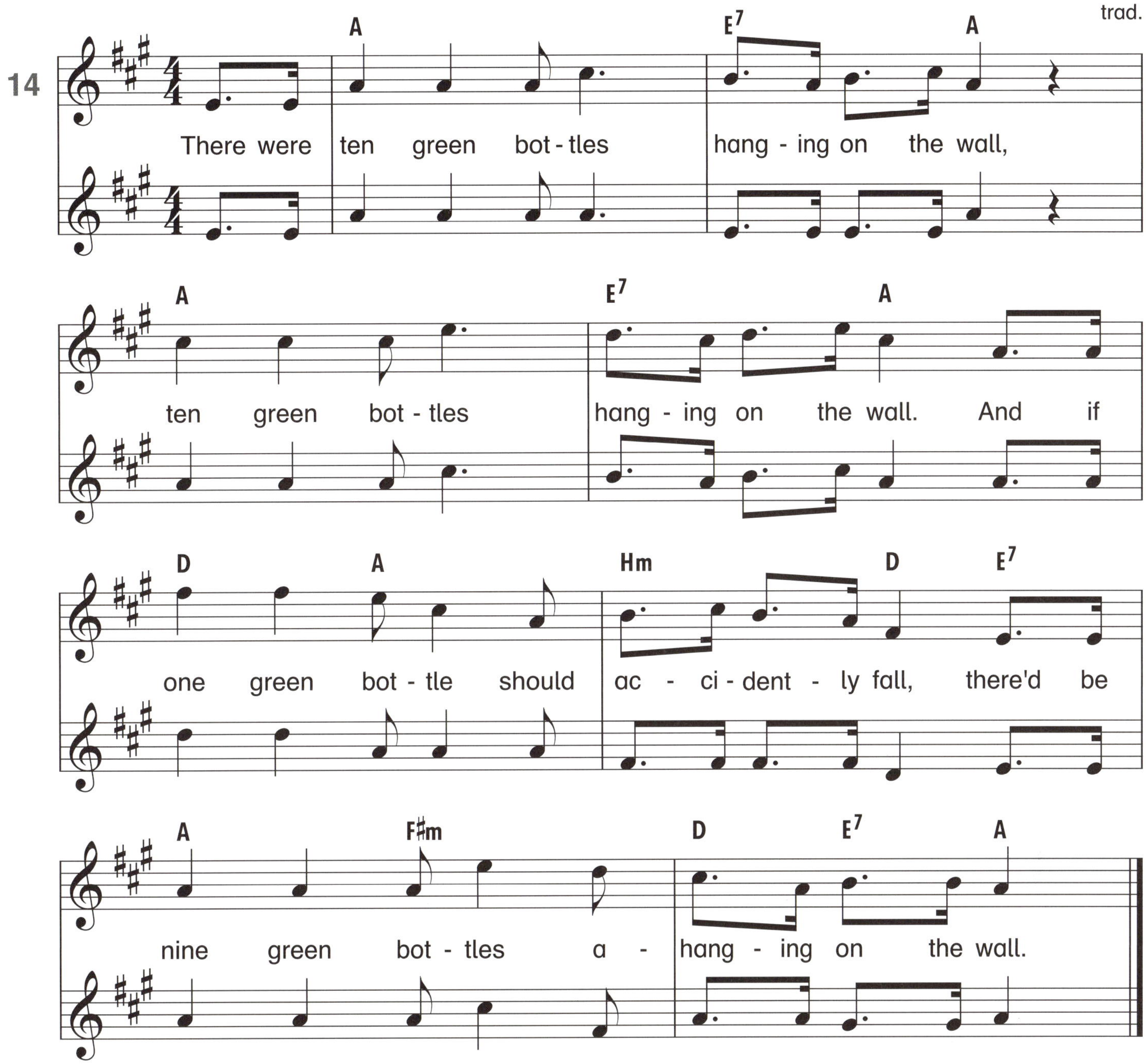

A E7 A

There were ten green bot - tles hang - ing on the wall,

A E7 A

ten green bot - tles hang - ing on the wall. And if

D A Hm D E7

one green bot - tle should ac - ci - dent - ly fall, there'd be

A F♯m D E7 A

nine green bot - tles a - hang - ing on the wall.

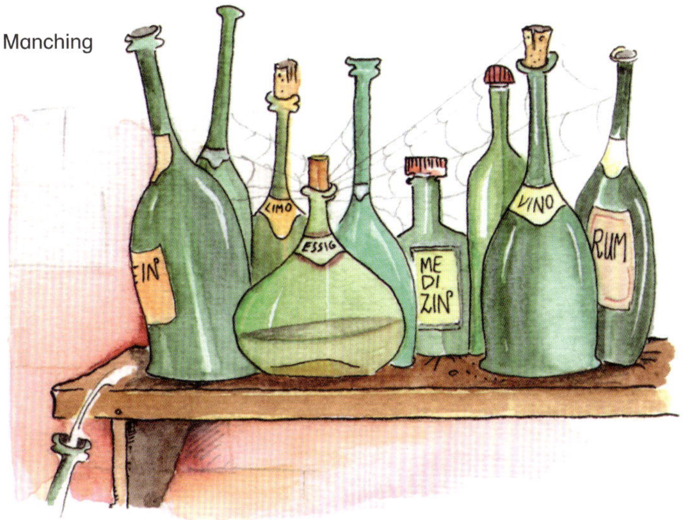

Die Nebelhexe Wilma

Musik und Text:
J. Rosch

15

Am | E7
End - lich fängt die Herbst - zeit an, der | Som - mer ist vor - bei,

Dm Am | E7 Am
es be - ginnt die Zeit der He - xen | und der Spu - ke - rei.

Am | E7
Al - le mü - den Geis - ter sind zum | Le - ben nun er - wacht

Dm Am | E7 Am
und so man - cher Zau - ber | wird voll - bracht.

Dm Am | E7 Am
Im | feuch - ten, tie - fen Na - del - wald, im | Ne - bel un - er - kannt,

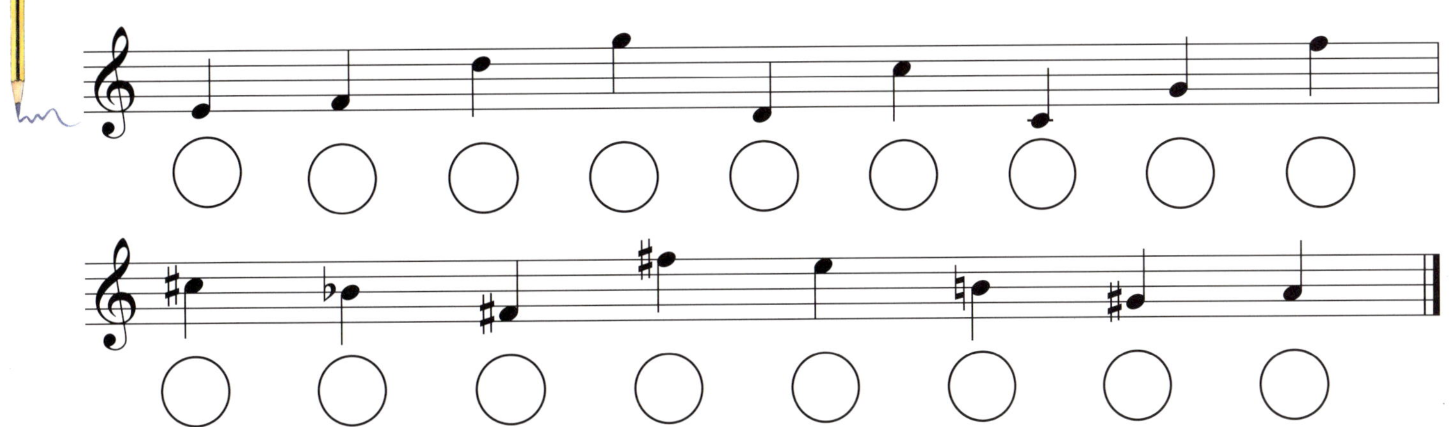

... und jetzt bitte der Reihe nach!

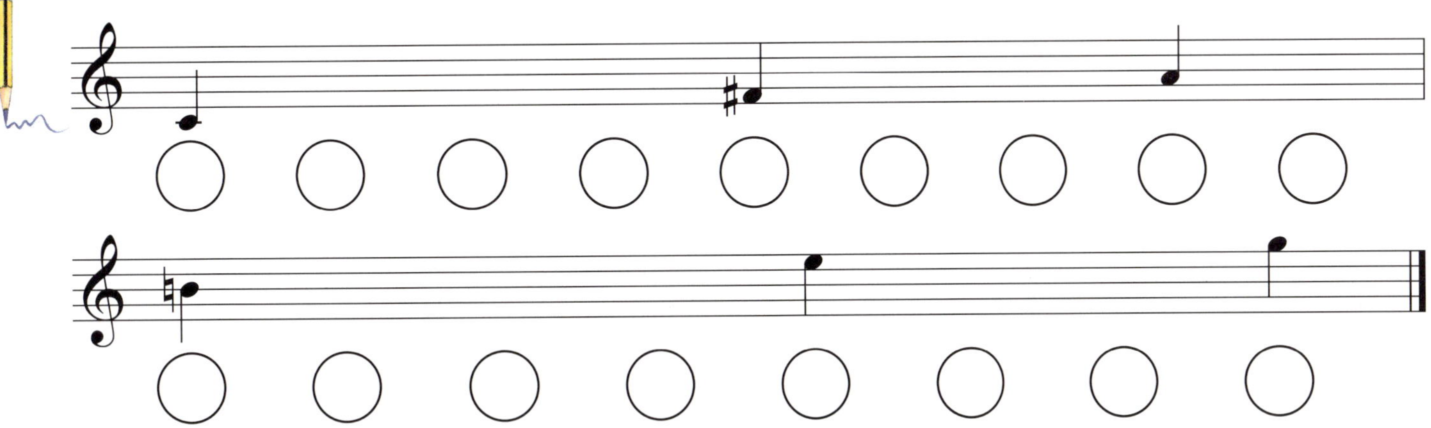

Musette

J. Bodin de Boismortier
(1689–1755)

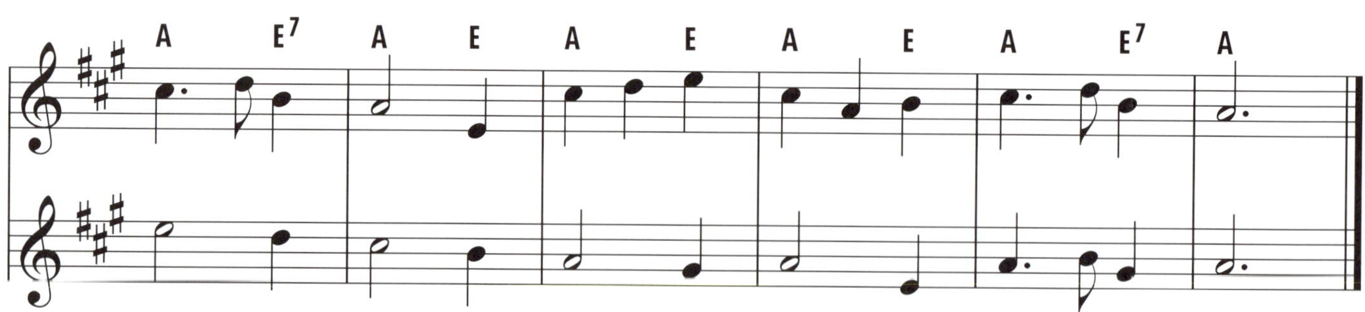

es'' dis''

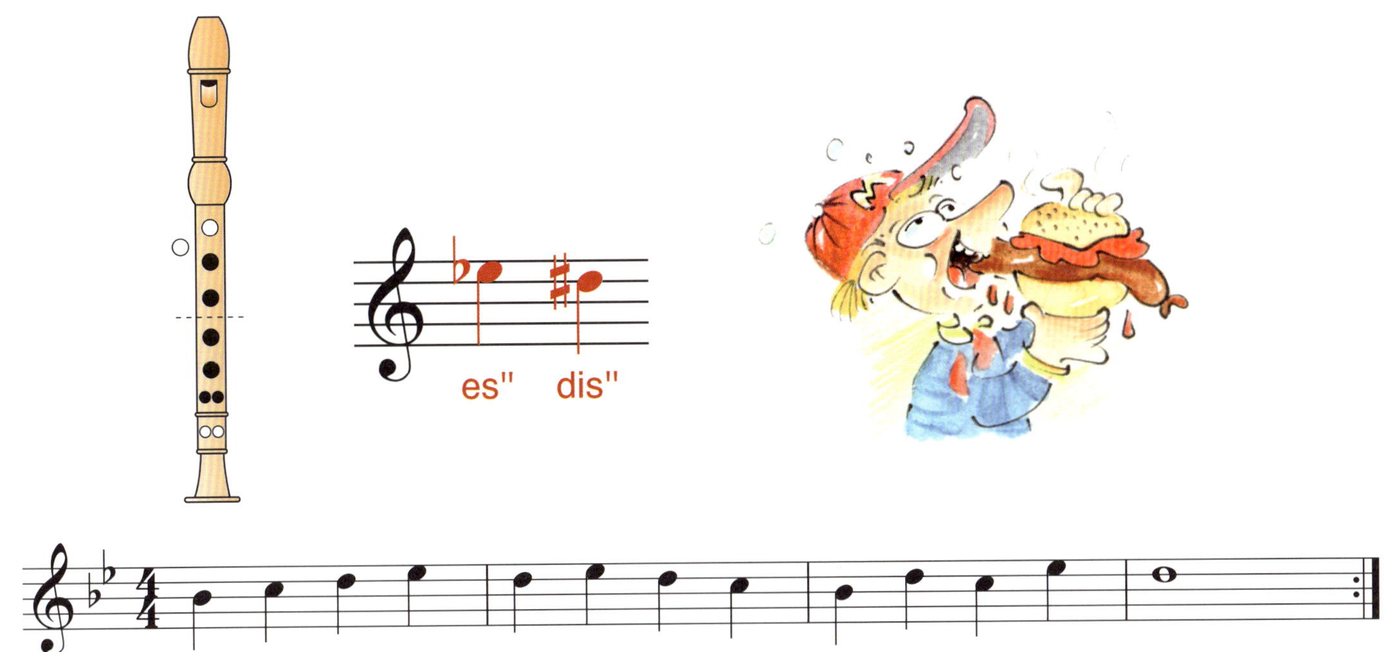

Tanzlied

trad.

17

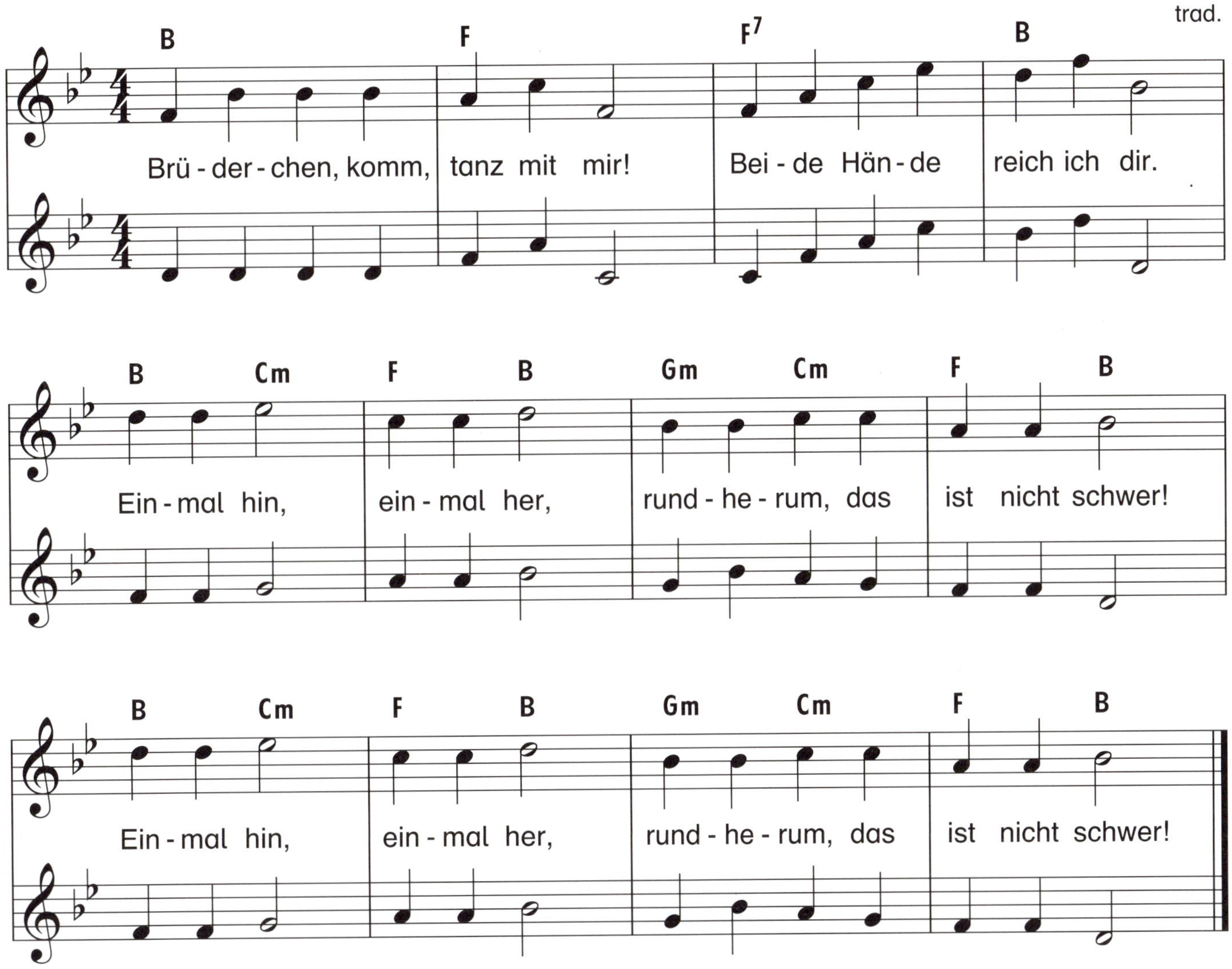
B F F7 B
Brü - der - chen, komm, tanz mit mir! Bei - de Hän - de reich ich dir.
B Cm F B Gm Cm F B
Ein - mal hin, ein - mal her, rund - he - rum, das ist nicht schwer!
B Cm F B Gm Cm F B
Ein - mal hin, ein - mal her, rund - he - rum, das ist nicht schwer!

Tomatensalat

trad.

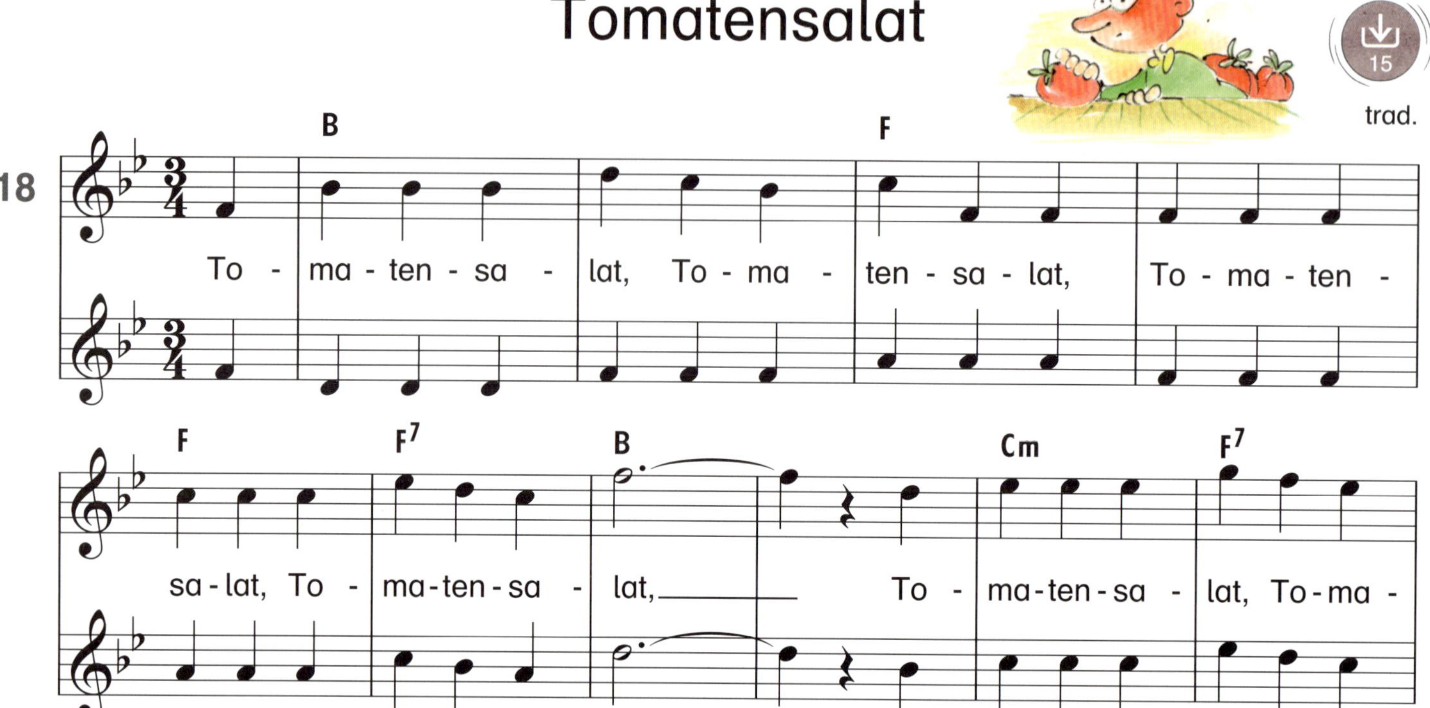

Das Gespensterkind

Musik und Text: F. Vahle

F B F B
hor-sam, brav und or-dent-lich drehst du zur Geis-ter-stun-de so
D7 Gm D7 Gm
wie es sich für dich ge-hört die gro-ße Ü-bungs-run-de.
F Gm F
Sarg-de-ckel-klap-pern und Kno-chen-pfei-fen, 'ne Rit-ter-rüs-tung durchs
Gm F Gm
Schlaf-zim-mer schlei-fen, drei-mal rund um den Fried-hof schwe-ben,
Gm F Gm
ja, so ist das Ge-spens-ter-le-ben.

Miau, miau, hörst du mich schreien

Musik: aus Frankreich
Deutscher Text: Lieselotte Holzmeister

Regenlied

Musik: U. Meyerholz
Text: B. Meyerholz

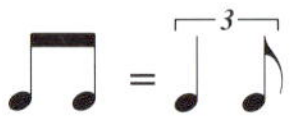

21

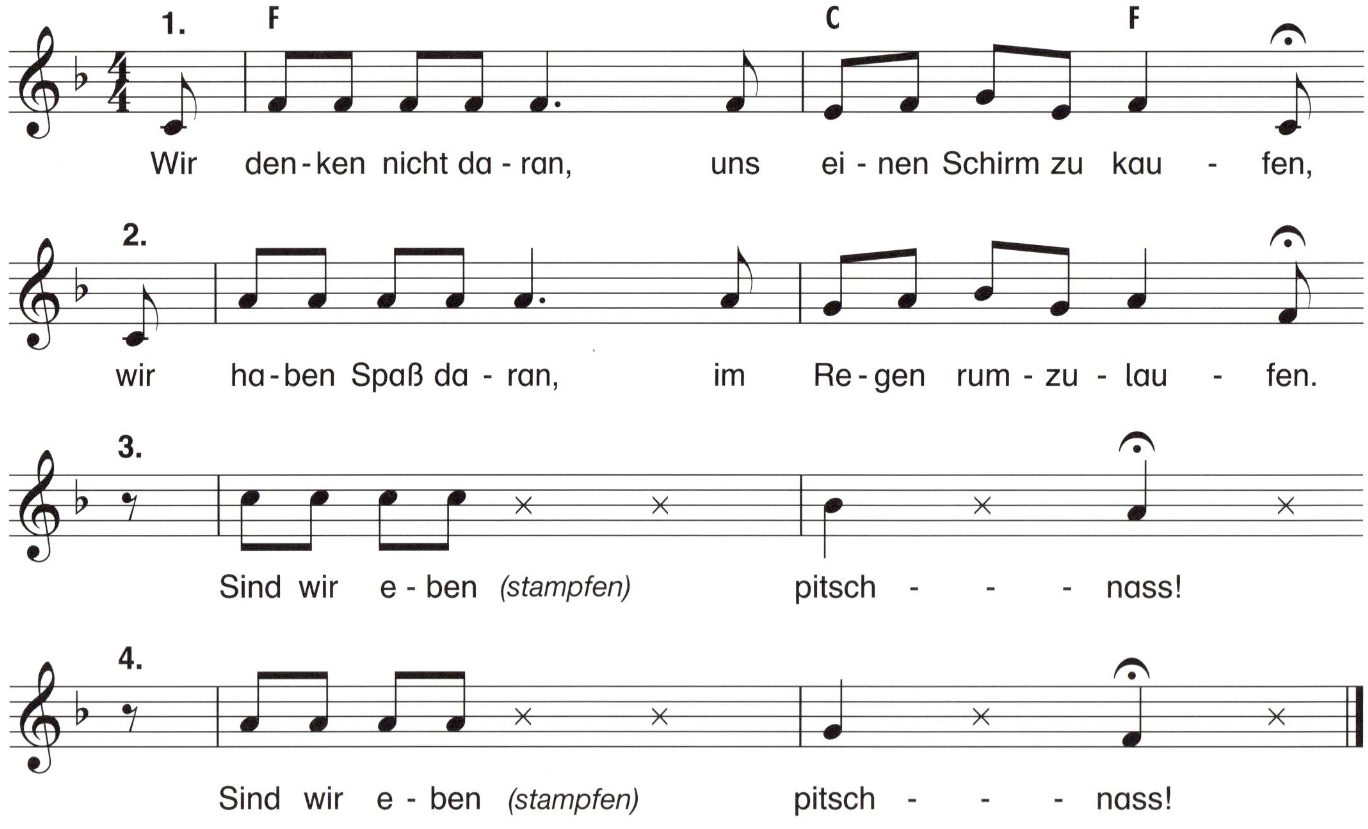

1. F C F
Wir den-ken nicht da - ran, uns ei - nen Schirm zu kau - fen,

2.
wir ha-ben Spaß da - ran, im Re-gen rum - zu - lau - fen.

3.
Sind wir e - ben *(stampfen)* pitsch - - - nass!

4.
Sind wir e - ben *(stampfen)* pitsch - - - nass!

Aus: Wolfgang Hering / Bernd Meyerholz: Sternenfänger. Trio Kunterbunt – die 50 schönsten Lieder, Helbling-Verlag 2019

Das Ponypferdchen

(Bitte, gib mir doch ein Zuckerstückchen)

Musik: Heinz Lemmermann
Deutscher Text: Lieselotte Holzmeister
nach einer Melodie aus Portugal

22

Gm

Bit - te, gib mir doch ein Zu - cker - stück - chen

Gm D

für mein klei - nes Po - ny! „Dan - ke“, wie - hert dann mein

D7 Gm

Po - ny - pferd - chen mit dem Na - men John - ny.

B F7

Weit ü - bers Land wird mein Pferd-chen heu - te tra - ben

F7 1. B 2. B

und dann soll's zum Lohn ein paar Zu-cker-stück-chen ha - ben. ha - ben.

Allegro

G. Finger
(1660–1723)

23

Lied von der Angst in der Nacht

Musik und Text:
K. W. Hoffmann

24

2. Es knackt und zischt und scharrt.
Es knistert, schlägt und knarrt.
Es zuckt ein Blitz mit hellem Licht.
Ein Donner rollt, ein Ast zerbricht.
Ich liege wach und eigentlich
fürcht' ich mich.

3. Ein warmer Regen fällt.
Zu Wasser wird die Welt.
Der Regen prasselt auf das Dach
und rauscht und plätschert wie ein Bach.
Ich liege wach und eigentlich
fürcht' ich mich.

Traurige Weise

trad.

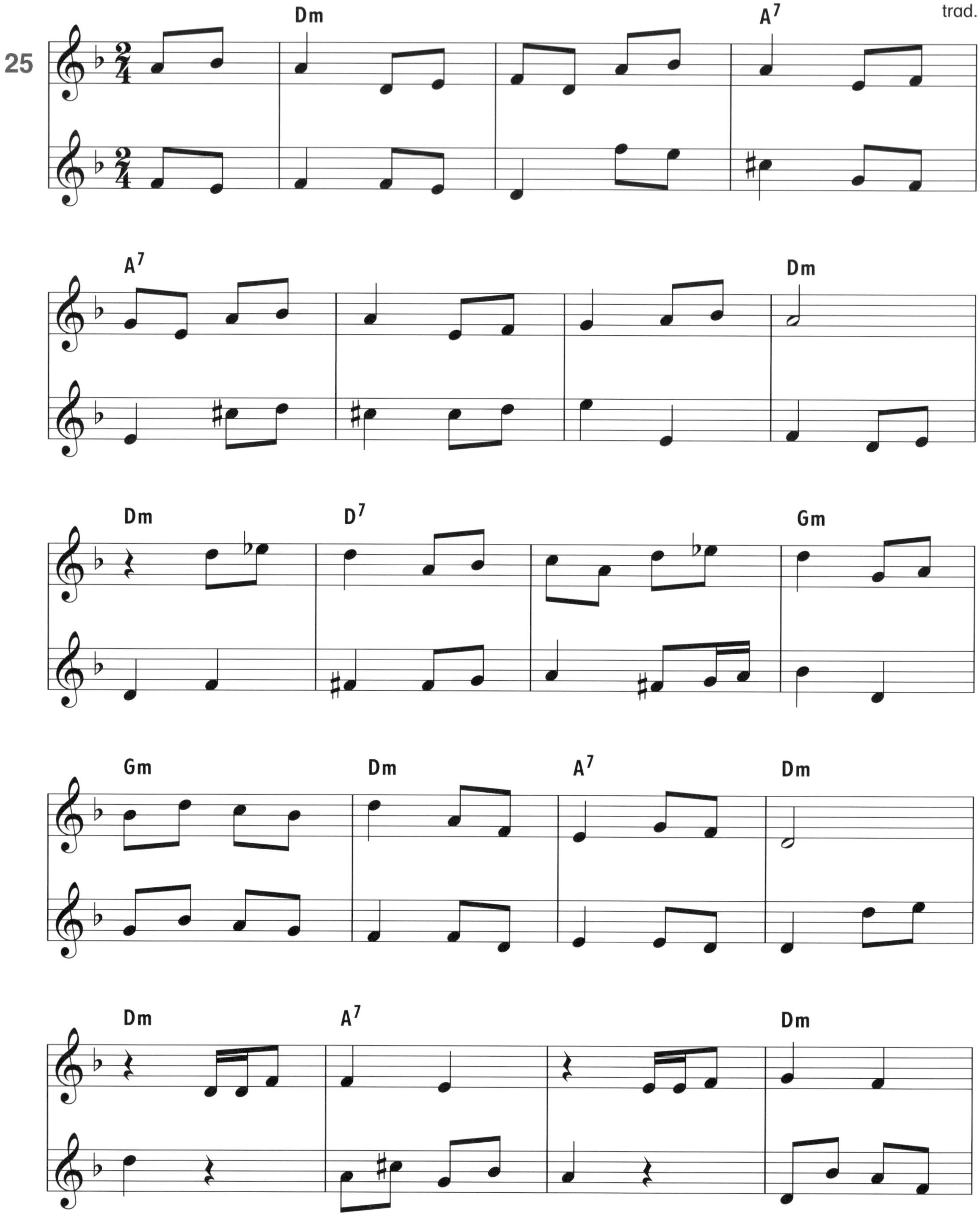

25

Dm A7 A7 Dm Dm D7 Gm Gm Dm A7 Dm Dm A7 Dm

Dm
Gm
D7
D7
Gm
Dm
Dm
A7
Dm
g''
e'
cis''
f'
b'
c'
h'
fis''
d'
es''
fis'
c''
f''
a'
gis'
g'

The Drunken Sailor

22

aus Irland

26

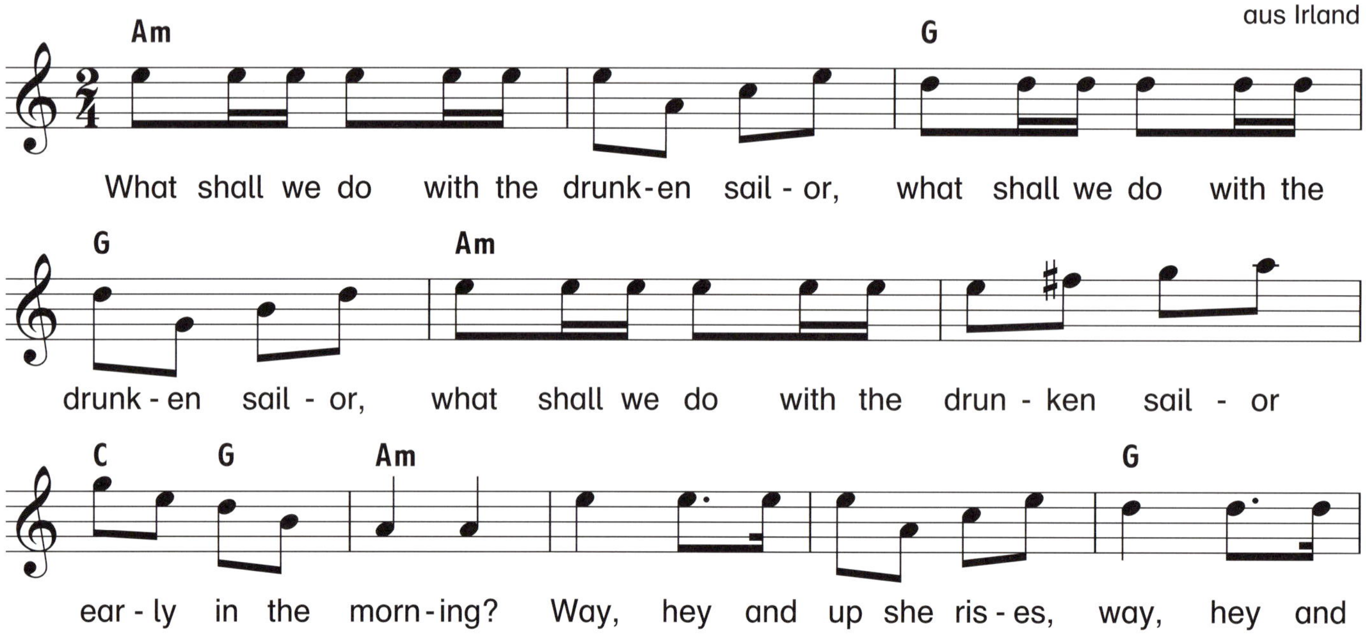

Am G

What shall we do with the drunk-en sail - or, what shall we do with the

G Am

drunk - en sail - or, what shall we do with the drun - ken sail - or

C G Am G

ear - ly in the morn - ing? Way, hey and up she ris - es, way, hey and

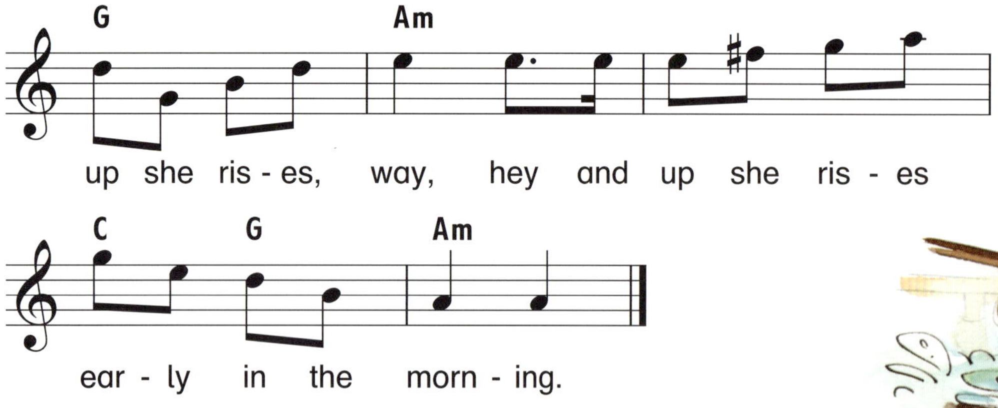

G Am

up she ris - es, way, hey and up she ris - es

C G Am

ear - ly in the morn - ing.

Gavotte

Frankreich um 1800

27

Bella bimba

aus Italien

28

C7 F C7

Ma co - me ba - li bel - la bimb - ba, bel - la

C7 F

bim - ba, bel - la bim - ba. Ma co - me - ba - li bel - la

C7 F

bim - ba, co - me ba - li, ba - li ben!

Fine

Dm A7 Dm A7

Guar - da che pas - sa la vil - la - nel - la,

Dm A7 Dm A7

a - gi - le snel - la, sa ben bal - lar!

D.C. al Fine

Menuett

J. S. Bach
(1685–1750)

29

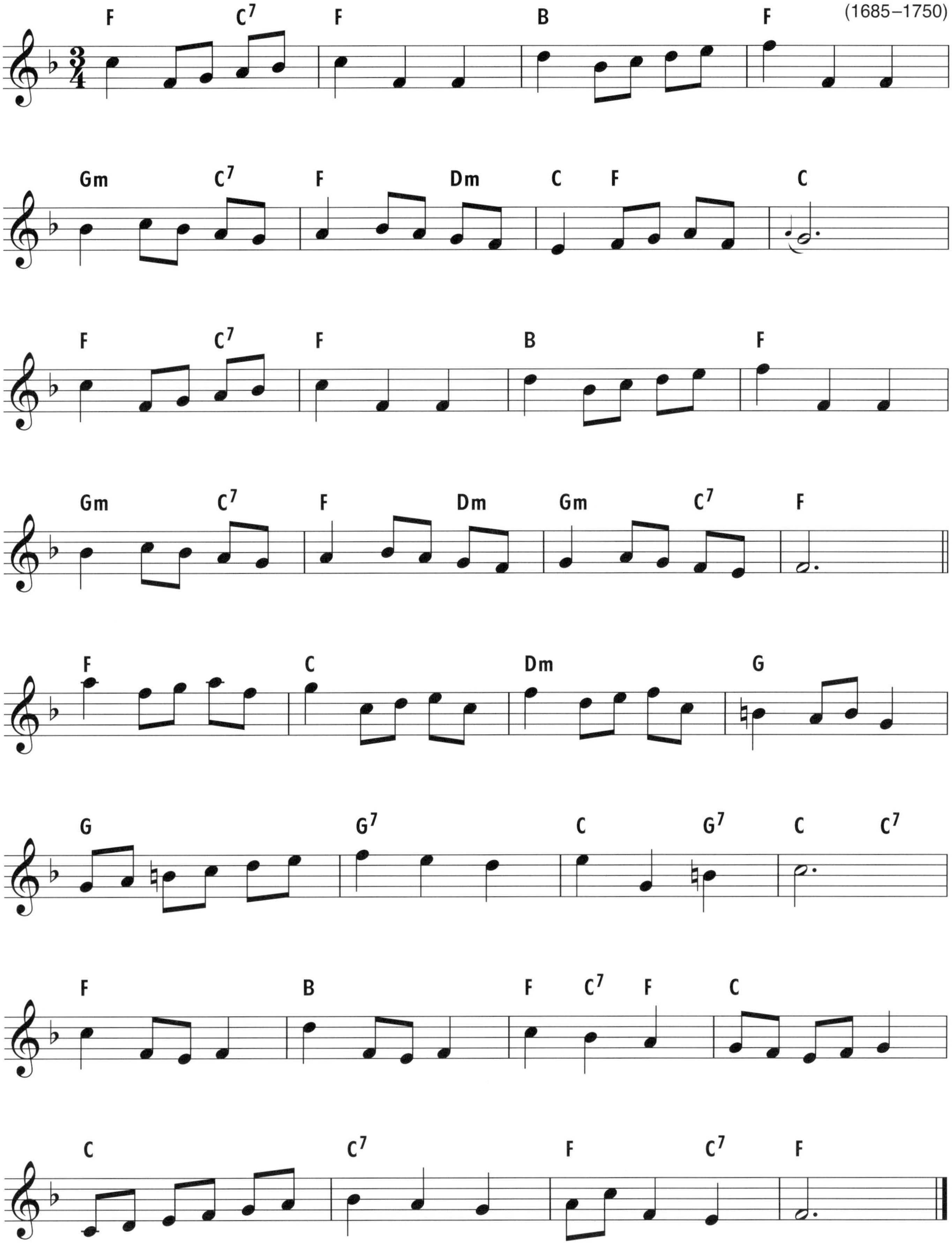

F C7 F B F

Gm C7 F Dm C F C

F C7 F B F

Gm C7 F Dm Gm C7 F

F C Dm G

G G7 C G7 C C7

F B F C7 F C

C C7 F C7 F

Bunclody

aus Irland

30

G | Am D Em | D

G D7 | G | D

Oh__ | were I at the | moss house, where the | birds do in -

G | D G | C G | C G

crease, at the | foot of Mount__ | Lein - ster or__ | some si - lent__

D | G | C G | C G

place. By the | streams of Bun - | clo - dy where all | plea - sures__ do__

D | G D7 | G C | G D | G

meet, and__ | all I would__ | ask__ is one | kiss from you | sweet.

Besonderheiten 1

Flatterzunge (Flz.)

Stimmloses, rollendes Rrrrrrrrrrrrrrrrrrr in die Flöte sprechen. Gleichzeitig klingt der notierte Flötenton.

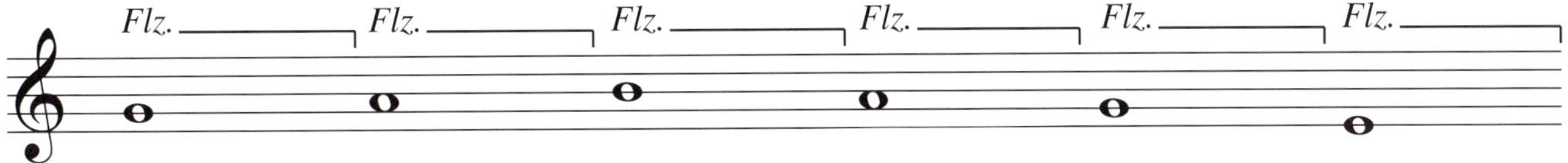

Space Notation

Die ungefähre Dauer der einzelnen Töne wird durch ihren Abstand voneinander und die Länge der Balken zwischen ihnen sichtbar gemacht. Es gibt kein Metrum.

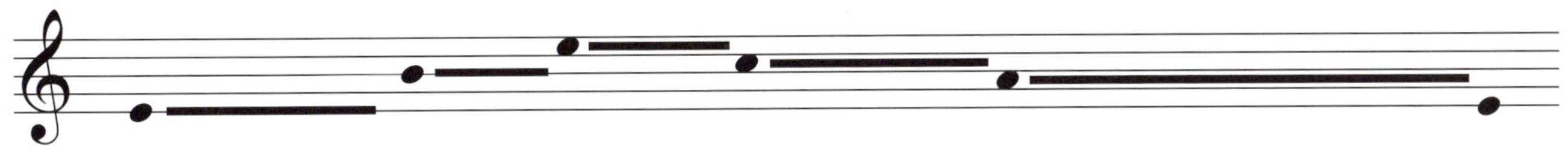

Glissando (gliss.)

Zwei Töne werden durch einen stufenlosen Legato-Übergang miteinander verbunden. Bei einem Glissando auf der Flöte gleiten die Finger dabei von den Löchern oder auf die Löcher.

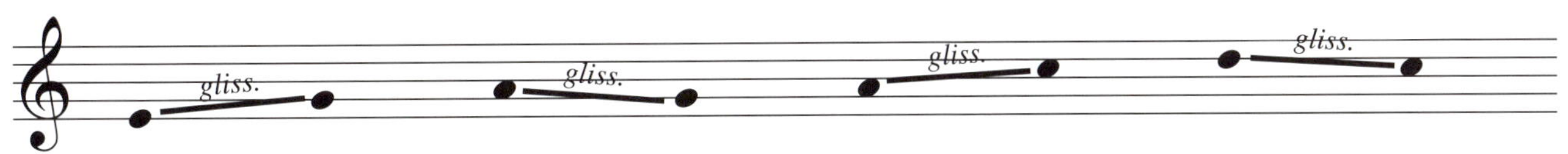

Sputato

„Gespuckte" Töne: geräuschvolle, kurze Artikulation („th"), evtl. Mund leicht öffnen.

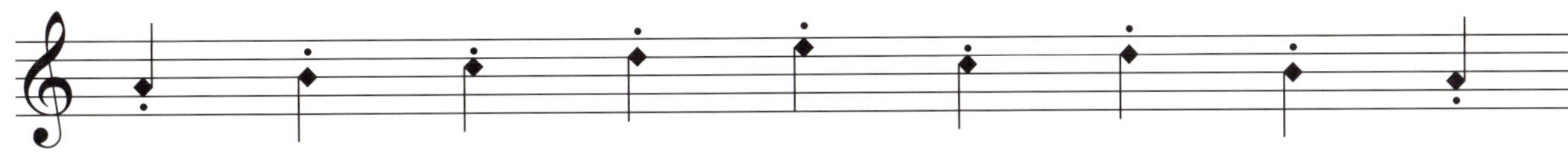

Senza Nome

B. E.

31

pst
Flz.
pst
Flz.
Flz.
Improvisation
Flz.
Flz.
Flz.
Flz.
Stimme ohne Flöte
gliss.
pst
(sputato)
gliss.
pst
pst
pst

Hubert hüpft spazieren und erlebt dabei einiges

32

Der 6/8-Takt

B. E.

33

Dm A7 Dm A7 Dm A7

Ta - ri - di - la - ri - di ta - ri - di - la - ri - di ta - di - la - di

Dm A7 Dm A7 Dm A7

ta - di - la - di ta - la ta - la

Dm A7 Dm

ta - ri - di - la - di ta - di - la ta - ri - di - la

A7 Dm A7 Dm

ta - ri - di la ta - di - la - di ta - di - la.

My Bonnie Is Over The Ocean

trad.

34

F B F

My bon - nie is ov - er the o - cean, my

F G7 C7 F B

bon - nie is ov - er the sea. My bon - nie is ov - er the

F B C7 F

o - cean, oh bring back my bon - nie to me! Bring back,

B C7 F

bring back, oh bring back my bon - nie to me to me!

F B G7 C7 F

Bring back, bring back, oh bring back my bon - nie to me!

Hambani kahle

Musik: Trad. aus Südafrika
Satz, Gestaltung, dt. und engl. Text:
Lorenz Maierhofer

35

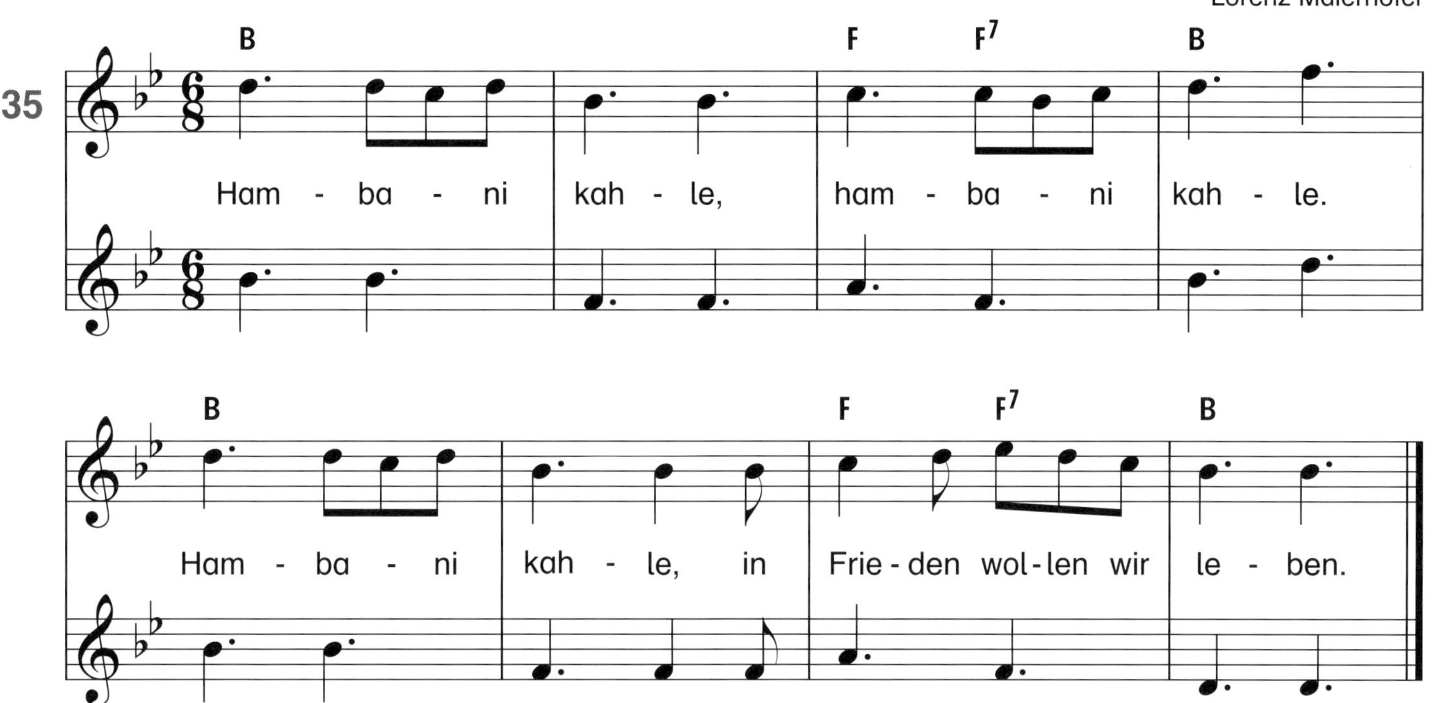

Naukala

30

aus Tansania

36

Mouvement de Gigue

J. Bodin de Boismortier
(1689–1755)

37

gis''
as''
Piccolino
31
38
B. E.
A
E
A
A
E
A
E
Fine
E
A
Hm
E
D.C. al Fine
senza rep.

Kill Him With Kindness

J. Playford
(1623–1686)

39

Da fehlt was!

Ergänze mit beliebigen Noten bzw. Pausen.

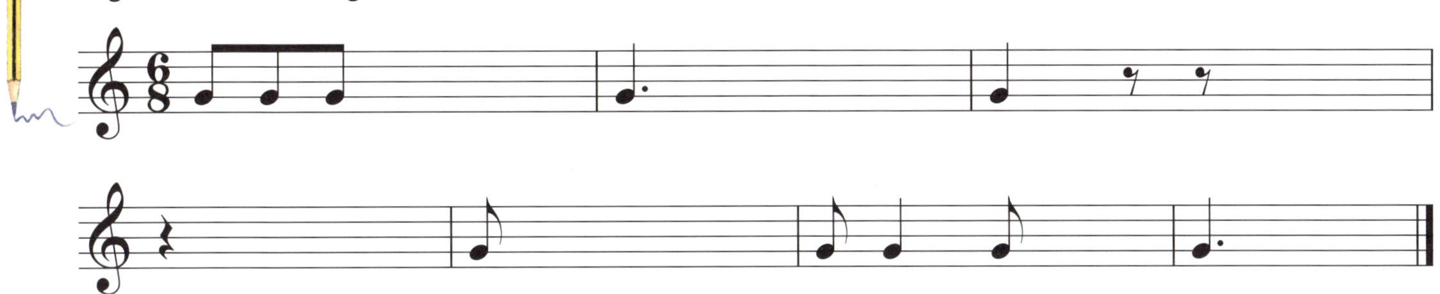

Etüde mit gis

B. E.

40

The Bonny Lass

J. Playford
(1623–1686)

41

A D G D A D G D
A D G D A D G D A D

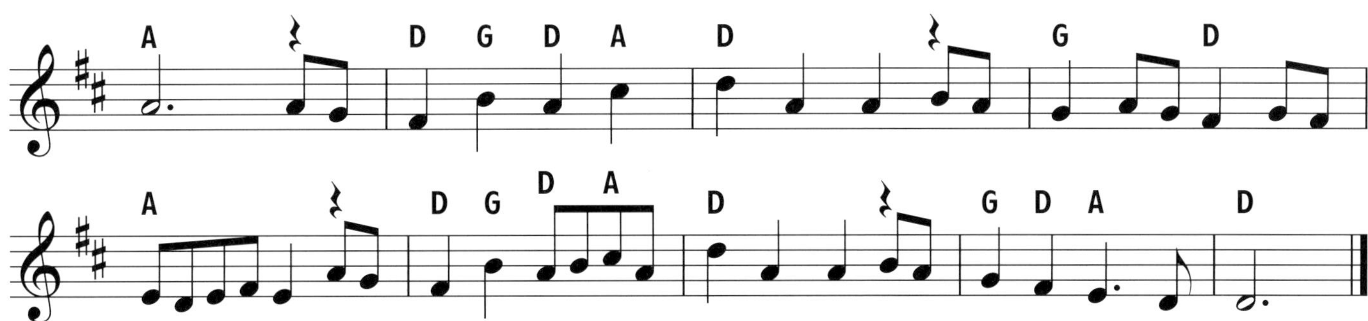

Menuett

J. Aubert
(1689–1753)

42

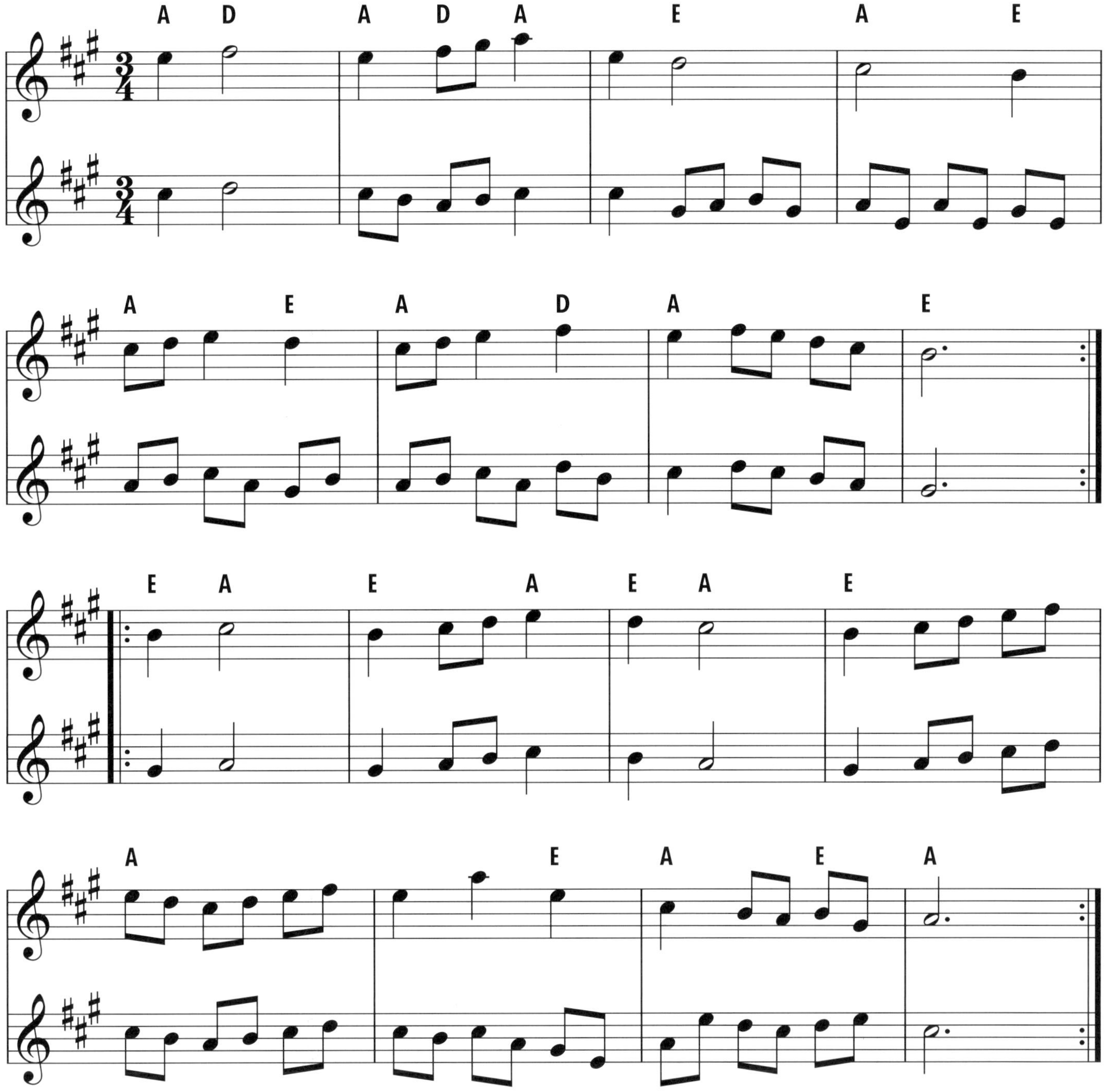

A D A D A E A E
A E A D A E
E A E A E A E
A E A E A

Wiegeschritt

B. E.

43

Am | E Am | | E Am E | Am | E Am | Am | E Am | C Am | Dm C | G Am | 1. F Am E | 2. F Am E

Wie-ge-schritt, Wie-ge-schritt, so tan-zen al-le mit, Wie-ge-schritt, Wie-ge-schritt, tanzt al-le mit!
Wie-ge-schritt, Wie-ge-schritt, so tan-zen al-le mit, Wie-ge-schritt, Wie-ge-schritt, tanzt al-le mit!

Fine

Gra-de-aus kann man gehn und dann bleibt je-der stehn, a-ber im Wie-ge-schritt tan-zen wir mit! tan-zen wir mit!

D.C. al Fine

Erfinde einen Tanz dazu!

Da fällt mir was ein!

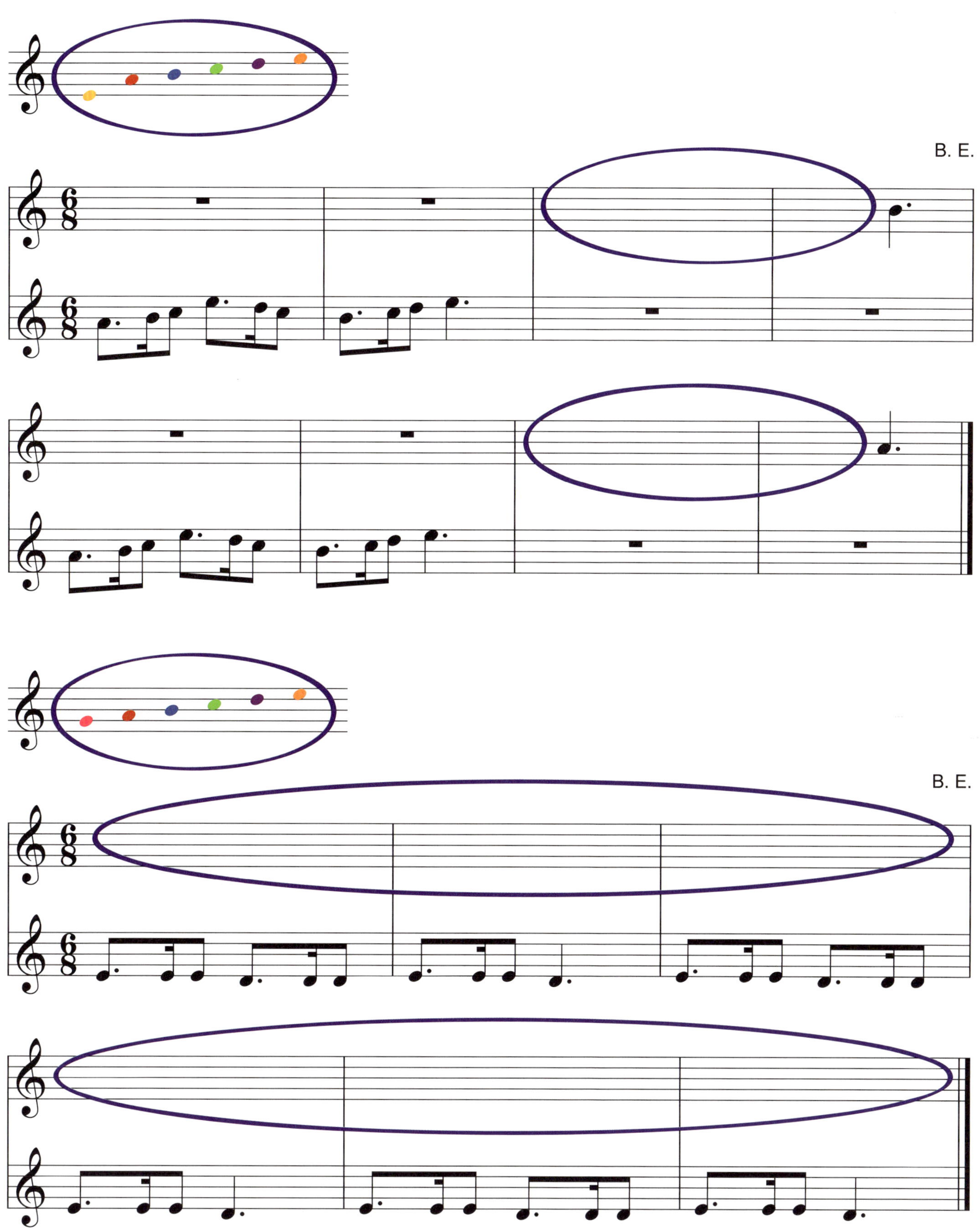

In den blau markierten Takten einfach drauflos spielen! Die bunten Noten sind erlaubt.

cis' des'

is

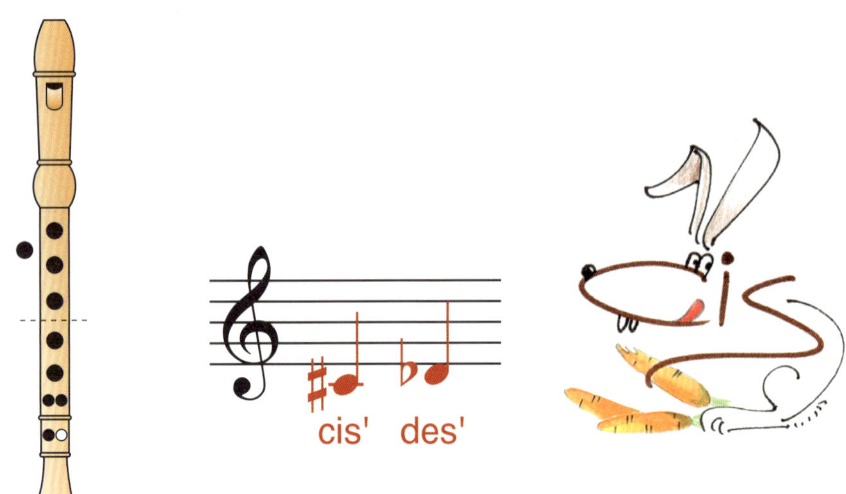

Sunflower

36

B. E.

44

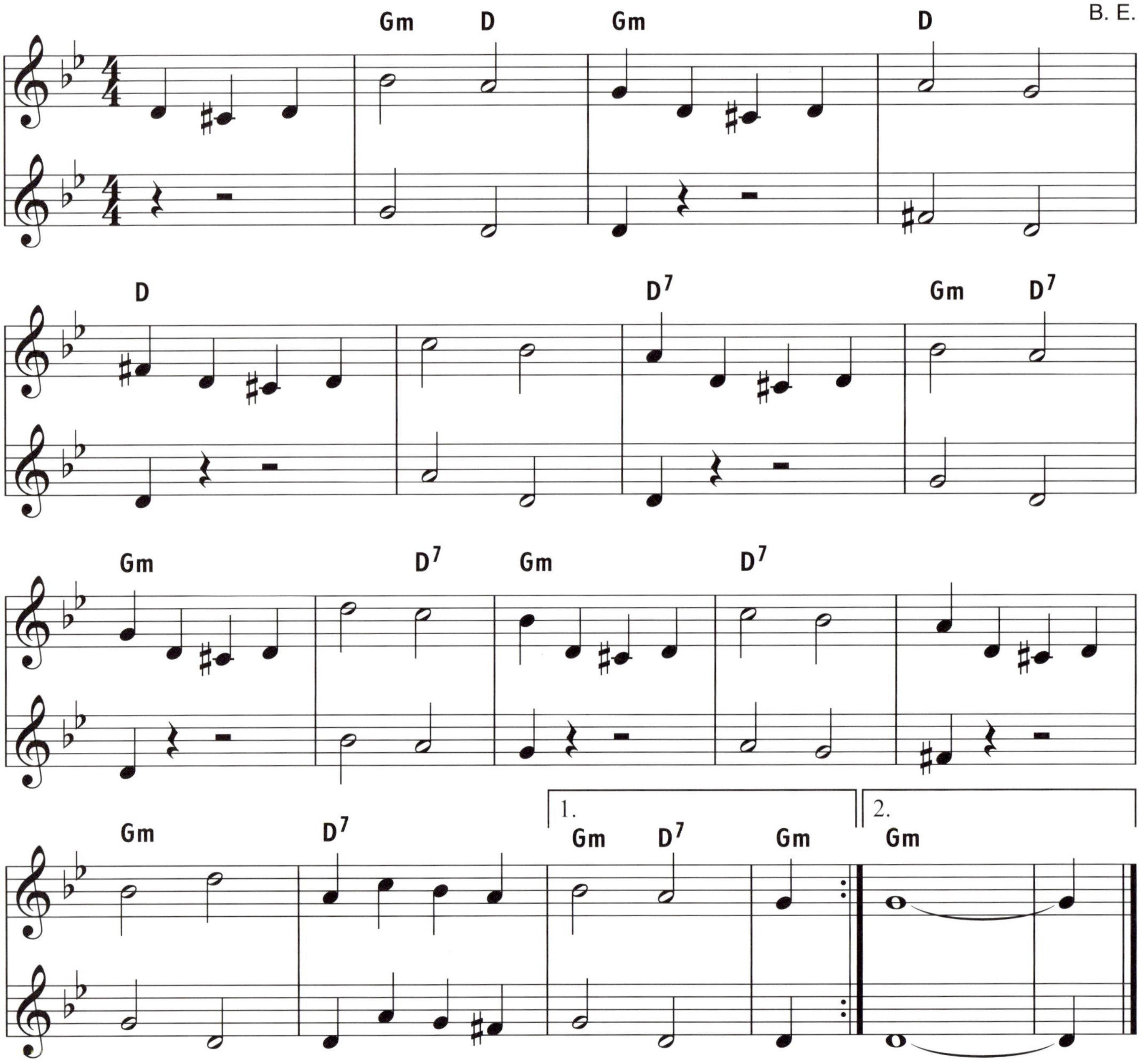
Gm D Gm D
D D7 Gm D7
Gm D7 Gm D7
Gm D7
1.
Gm D7 Gm
2.
Gm

Tambourinet

J. Aubert
(1689–1753)

45

Dm A7 Dm

Dm A Dm A

A Dm A Dm A Dm A Dm

Dm A Dm A Dm

Fare Thee Well Enniskillen

aus Irland

46

D Em A
Fare thee well En - nis - kil - len, fare thee well for a

D Hm F♯m G
while, to all your fair wa - ters and___

A D Hm
eve - ry green isle. Oh, your green isle will

F♯m G A D A
flour - ish your fair wat - ers flow, while

D Em A D
I from old Ire - land an___ ex - ile must go.

Branle

M. Praetorius
(1571?–1621)

47

Gigue

anonym

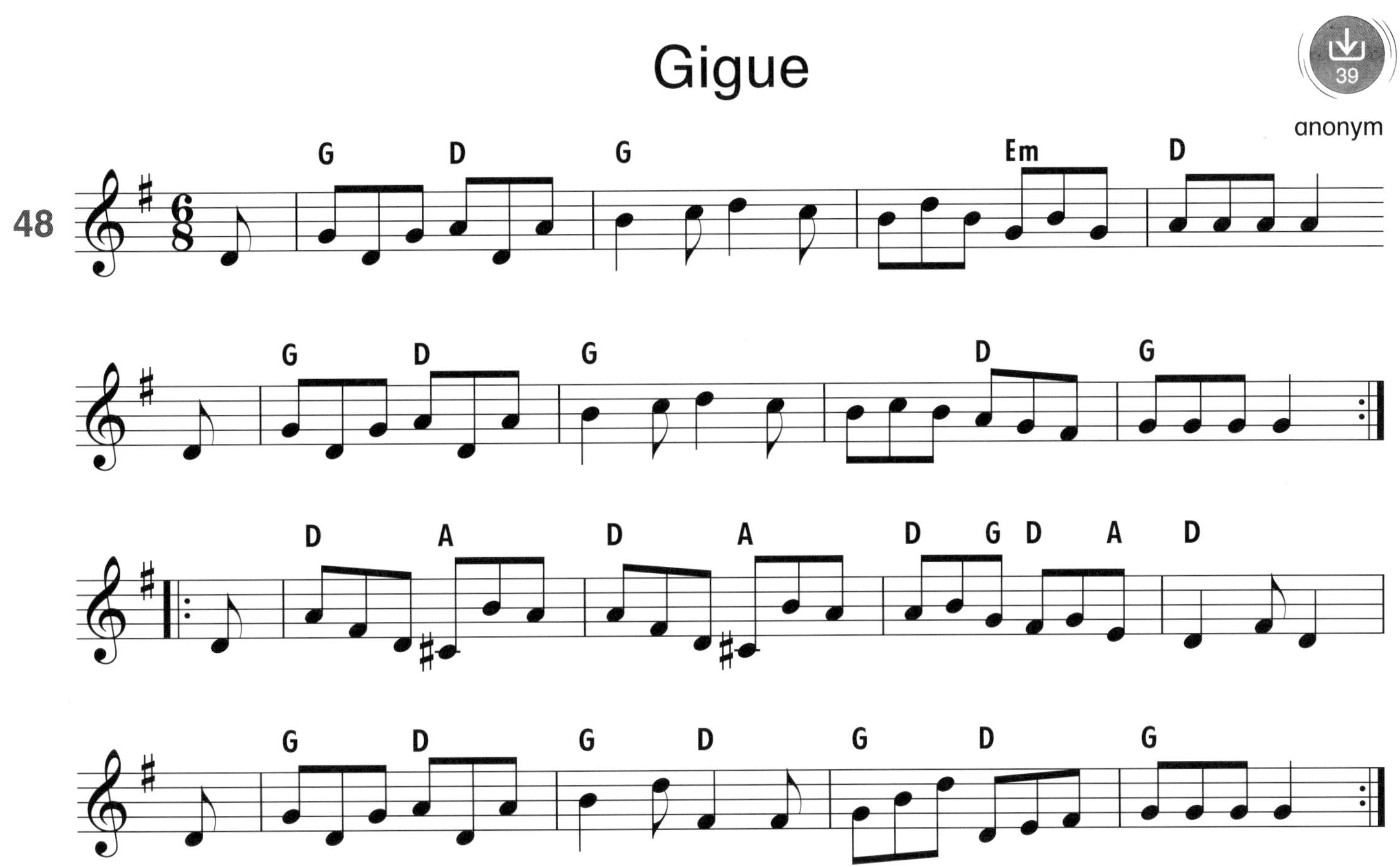

Der Sitz-Boogie-Woogie

40

Text und Melodie:
Hans Poser

49

C G7 C
sin-gen sel-ber un-sern Boo-gie - Woo - gie. Hüp - fen da - bei
C G7 C
fröh-lich hin und her, vor und auch zu - ru - cki.

Das Fabeltier

Text 1. Strophe und Musik:
Traditional
Bearbeitung und Text 2./3. Strophe:
Walter Kern

Humilde se acerca

nach einer Melodie aus der
Amazonas-Region, Peru

51

Em G D Em

Em G Am Em

Em

Em G D Em

Em G Em G

Em
G
Em
G
C
G
D
Em
C
G
D
G
Em
D
Em
Em
G
Em
D
Em

Der traurige König

52

B. E.

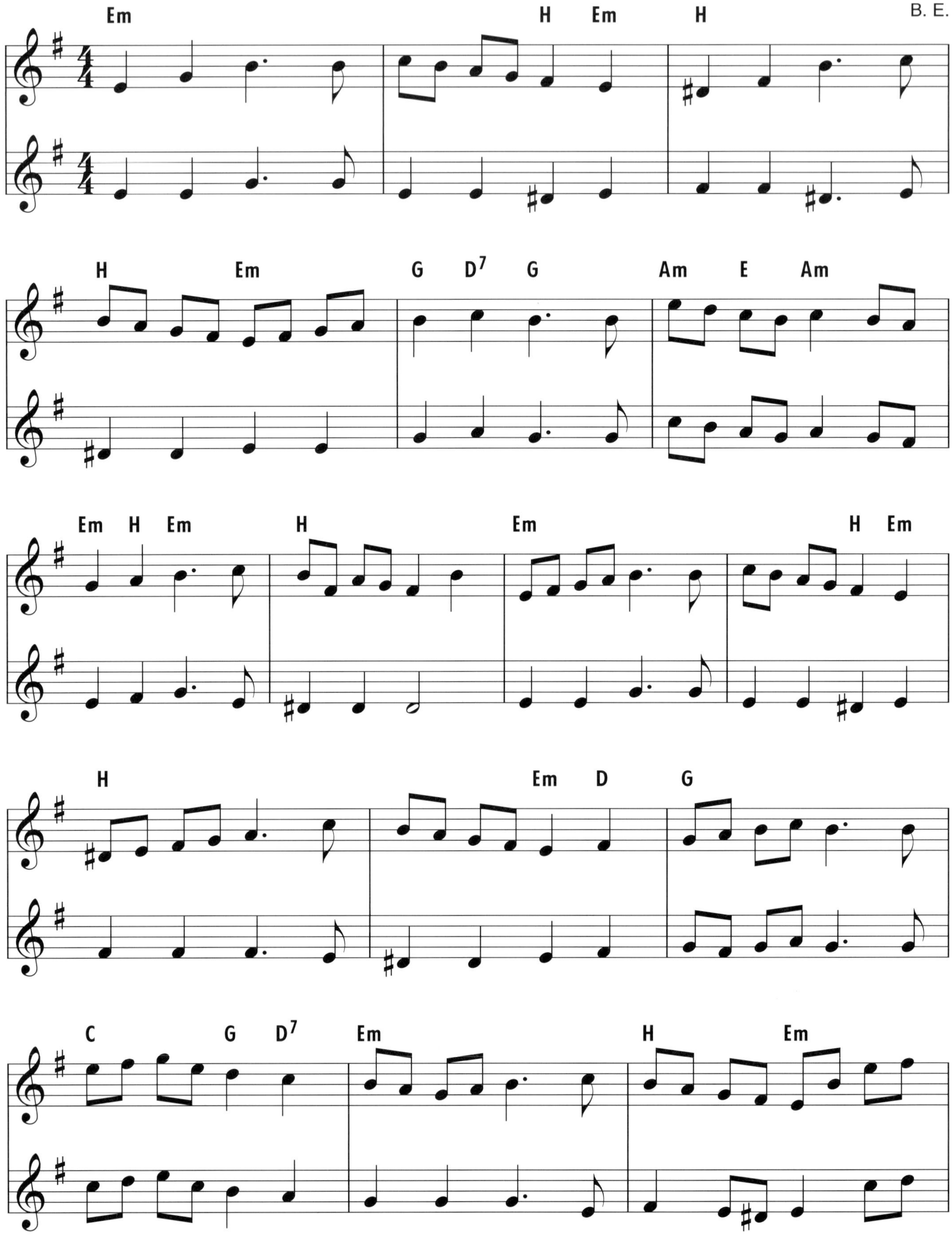

Em H Em H

H Em G D^7 G Am E Am

Em H Em H Em H Em

H Em D G

C G D^7 Em H Em

C G Am Em
C Em Am Em H Em H Em
du fehlst mir

Besonderheiten 2

Nummerierung der Finger

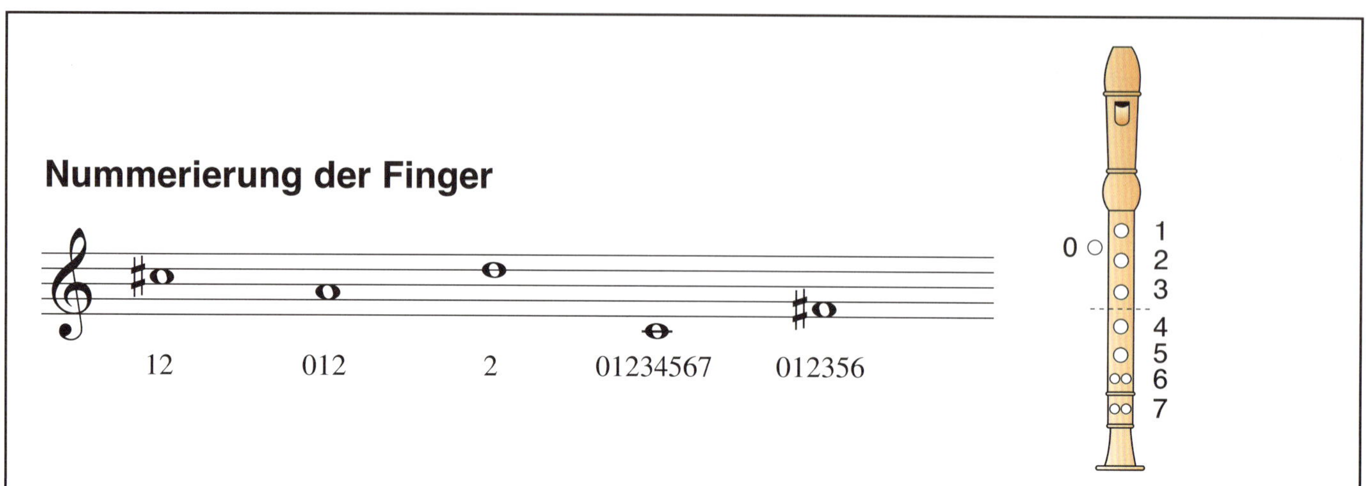

Kurzer Vorschlag

Die Hauptnote folgt dem notierten Vorschlag-Ton möglichst schnell und im legato.

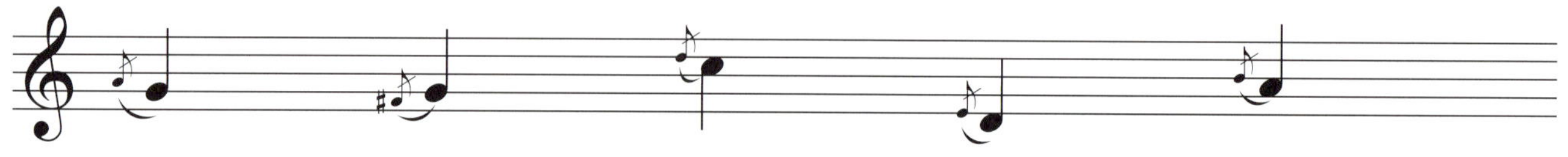

Schnelle Noten(gruppen)

Mit einem kleinen Schrägstrich gekennzeichnete Noten oder Notengruppen werden so schnell wie möglich (im legato) gespielt. Der Liegeton wird dabei kurz unterbrochen.

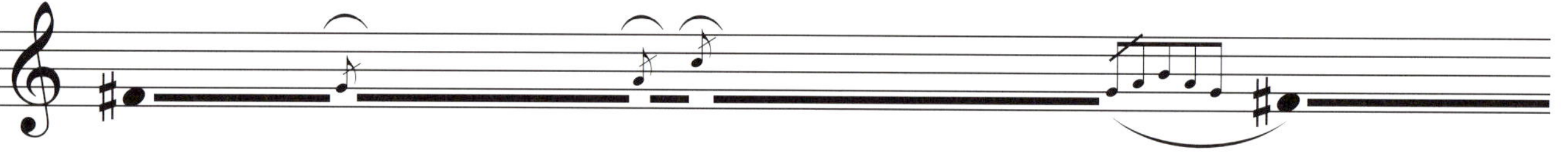

„Minuszahl"

Das Minuszeichen bedeutet, nur den entsprechenden Finger kurz aufzuheben.

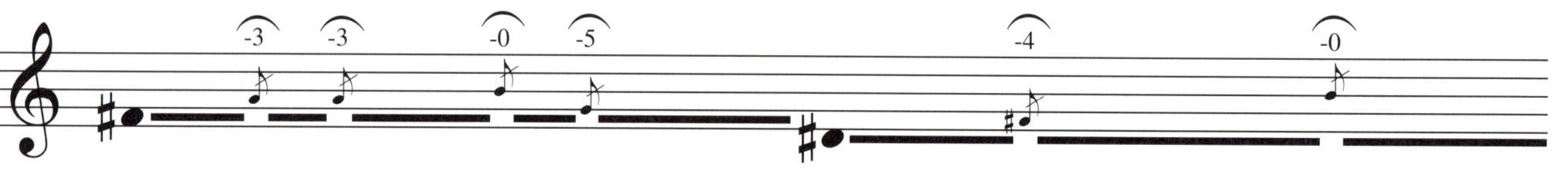

Fermate

Eine Fermate zwischen den Tönen bedeutet: Pause mit Spannung! Die Länge der Pause kann der Spieler selbst bestimmen.

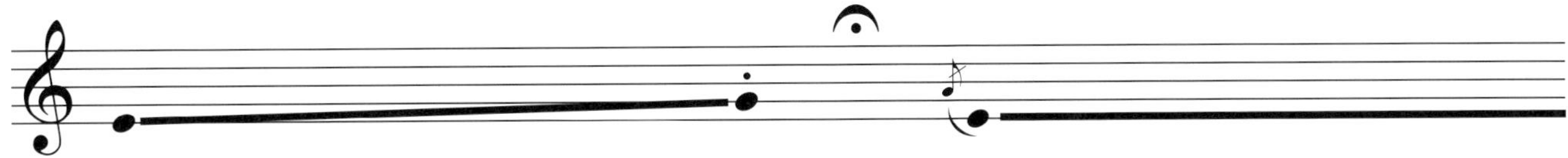

Erhöhung um einen Viertelton

Das Zeichen ♯ erhöht den Ton nicht wie ein normales Kreuz um einen Halbton, sondern nur um einen Viertelton. Der Beispielton liegt also zwischen f' und fis'. (Der Griff steht unter der Note.)

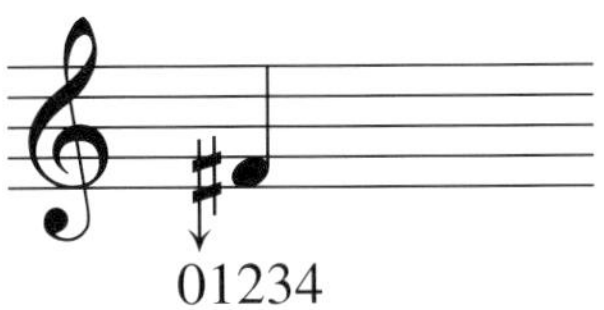

Triller

Schneller Wechsel zwischen dem notierten Ton und dem nächst höheren Nachbarton im legato. Je länger die Trillerschlange ist, umso länger dauert der Triller.

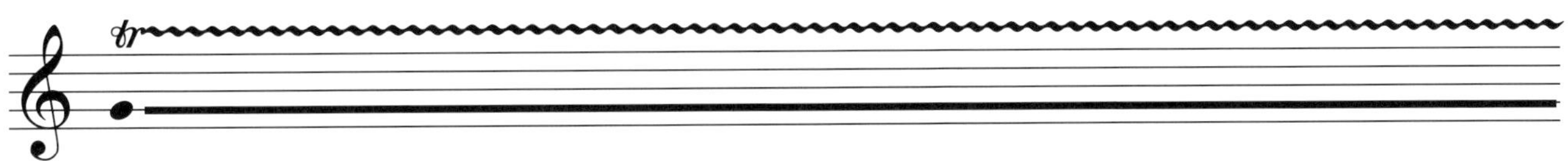

Allmählich in Triller übergehen

Der Wechsel zwischen den beiden Tönen löst sich vom anfangs vorgegebenen Rhythmus und wird immer schneller, bis er in einen Triller mündet.

Best Friends

B. E.

53

-0
-0
-1
-1
allmählich in Triller übergehen

Slowenische Hirtenweise

trad.

54

E♭ A♭ E♭ A♭ E♭

E♭ B E♭

E♭ B E♭

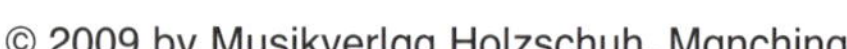

b'' ais''
Es geht ein' dunkle Wolk' herein
44
17. Jahrhundert
55
Es geht ein' dunk - le Wolk' he - rein, mich deucht, es
wird ein Re - gen sein, ein Re - gen aus den
Wol - ken wohl in das grü - ne Gras.

El Condor Pasa

Musik: Daniel Robles
Bearb.: Barbara Ertl

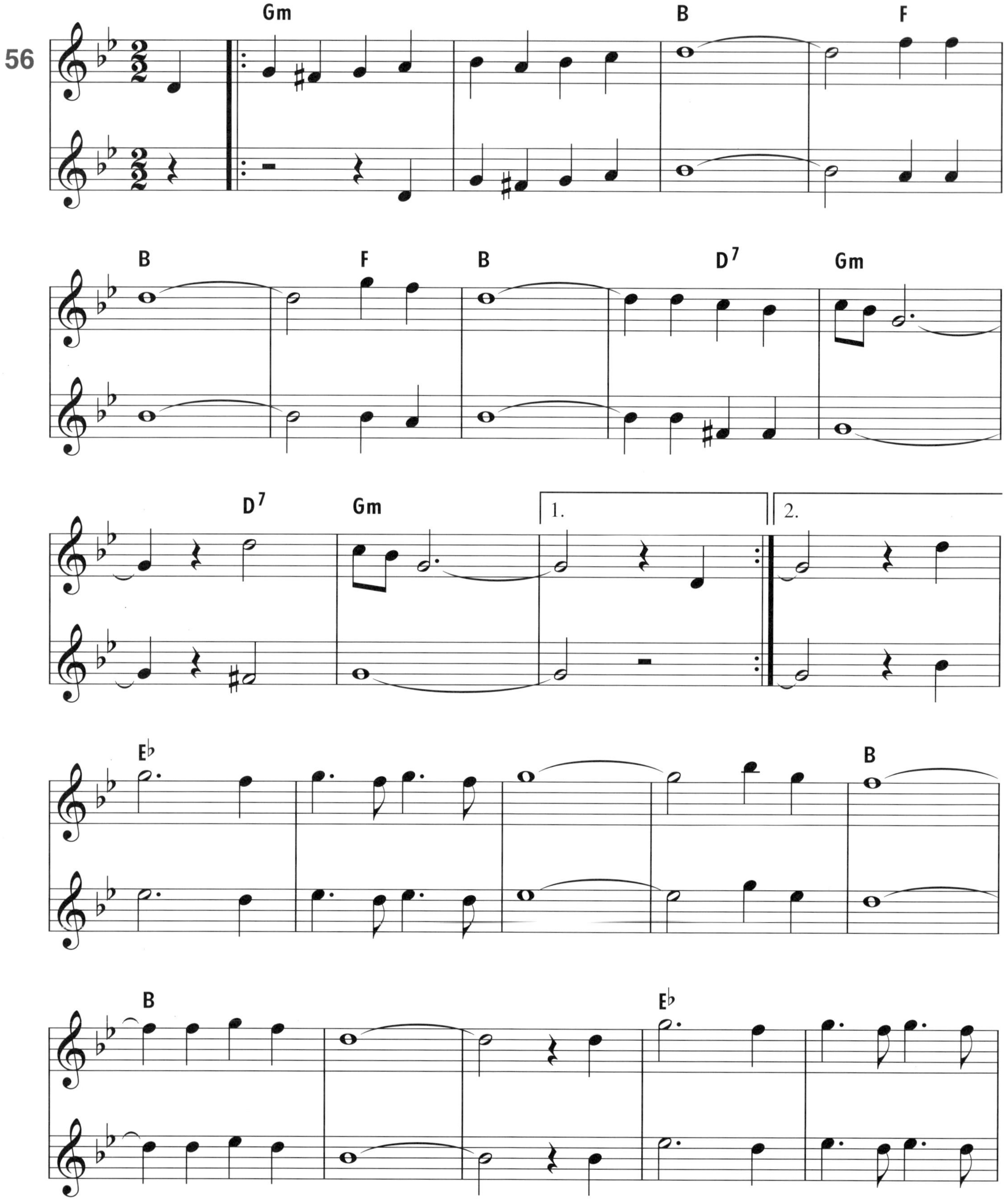

56

Gm B F

B F B D7 Gm

D7 Gm 1. 2.

E♭ B

B E♭

E♭
B
B
D7
Gm
D7
Gm
Rätsel
W s
ört
u ,
r
n r
nutz n
s
trotz m
äu i r
ls
i r
s l r ?
Antwort
u r
N m !

Yellow Rose Of Texas

trad.

57

F

F C7

F

B F C7 F

Das Papageienlied

Bourree

G. F. Händel
(1685–1759)

59

Gm D | Gm | Gm D | Gm D Gm

F | E♭ B | F B F | B

B C | F | Gm F C

F Am E^7 | Cm Gm D^7 Gm | D | Gm Cm B

F | B E♭ B | Cm Gm D Gm | D Gm D^7 | Gm

Tambourin

J. Bodin de Boismortier
(1689–1755)

60

Ehrentanz

Fohnsdorf um 1800

61

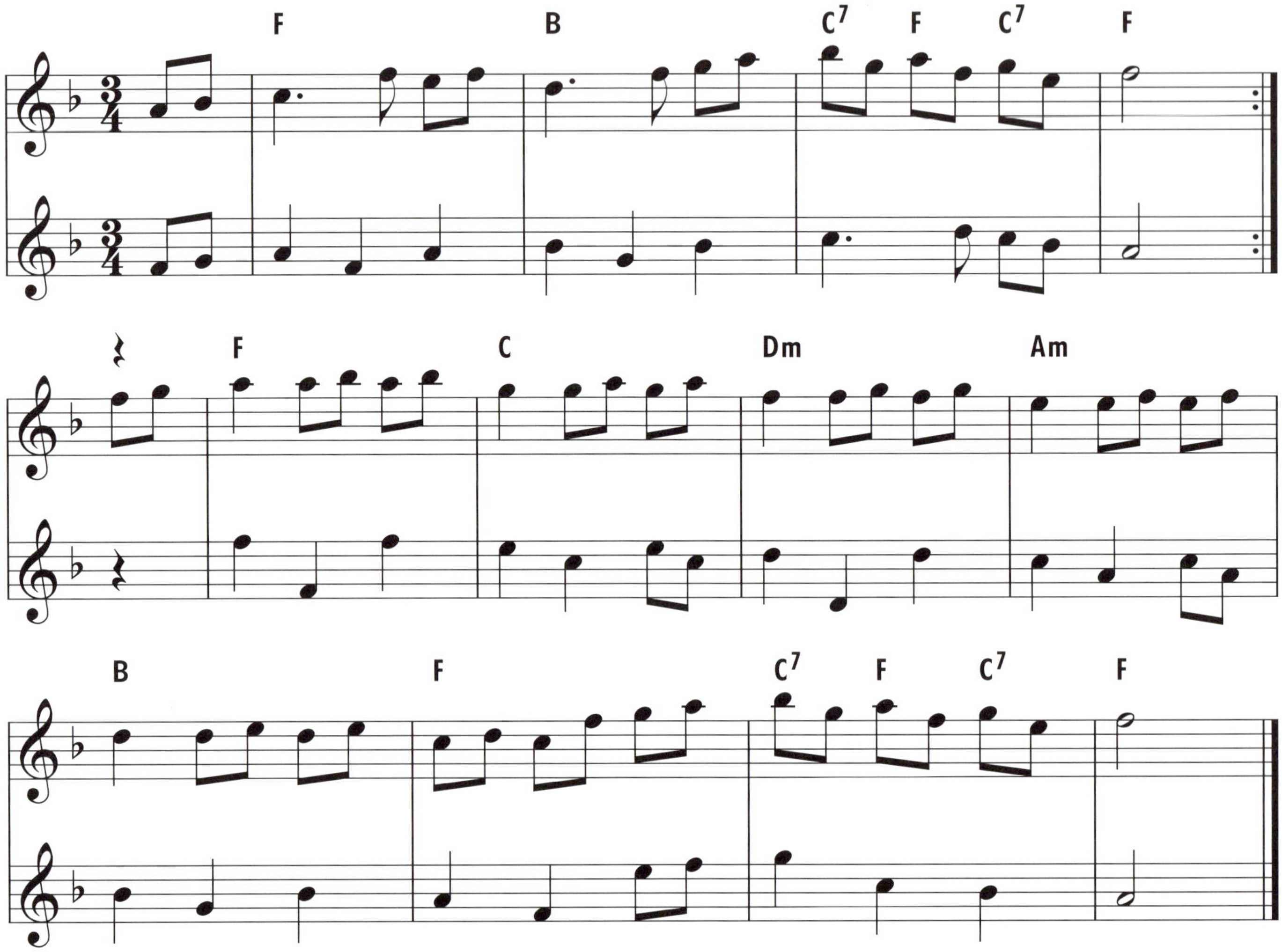

F B C7 F C7 F

F C Dm Am

B F C7 F C7 F

Zu jeder Pause die richtige Note!

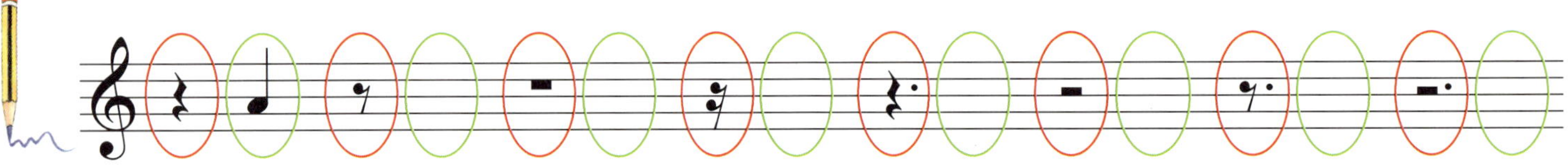

La Cucaracha

trad.

62

D | D | A7

La cu - ca - ra - cha, la cu - ca - ra - cha,

ya no quie - re ca - mi - nar, por - que no tie - ne, por - que le

A7 | 1. D | 2. D

fal - ta di - ne - ro pa - rar ga - star. La cu - ca - star.

Fine

D | A7

U - na cu - ca - ra - cha pin - ta! Le dijo a una co - lo -
To - das las mu - cha - chas tie - nen en los o - jos dos e -

ra - da: vá - mo - nos pa - ra mi tier - ra,
strel - las, pe - ro las me - ji - ca - ni - tas

A7 | D | 1. | 2.

a pa - sar la tem - po - ra - da.
de se - gu - ro son más bel - las.

D.C. al Fine con rep.

Danny Boy

aus Irland

63

G Gmaj7 C

Oh, Dan - ny boy, the pipes, the pipes are call - ing, from glen to

G Hm Em A Dsus4 D G Gmaj7

glen and down the moun-tain -side. The sum - mer's gone and all the ro - ses

C D G Em Am7 D G D

fall - ing, 'tis you 'tis you must go and I must bide. But come ye

Em C D G D

back when sum - mer's in the mead - ow, or when the

Em C Hm Asus4 A Dsus4 D G H C

val - ley's hushed and white with snow. 'Tis I'll be there in sun-shine or in

Tragößer Quadrille

51

trad.

64

Hava Nagila

trad.

65

H

Ha - va ____ na - gi - la ha - va ____ na - gi - la

Em H Am H

ha - va ____ na - gi - la we - nis - m' cha.

H Am

Ha - va ne - ran - ne - na, ha - va ne - ran - ne - na,

Am H Am H

ha - va ne - ran - ne - na we - nis - m' cha.

Em

U - - ru, u - ru a - chim ur' a - chim be -

Em D

lew sa - me - ach, ur' a - chim be - lew sa - me - ach, ur' a - chim be -

D H

lew sa - me - ach, ur' a - chim be - lew sa - me - ach, ur' a - chim

H Em

ur' a - chim be - lew sa - me - - - - ach. ____

The Wedding Dance

J. Playford
(1623–1686)

66

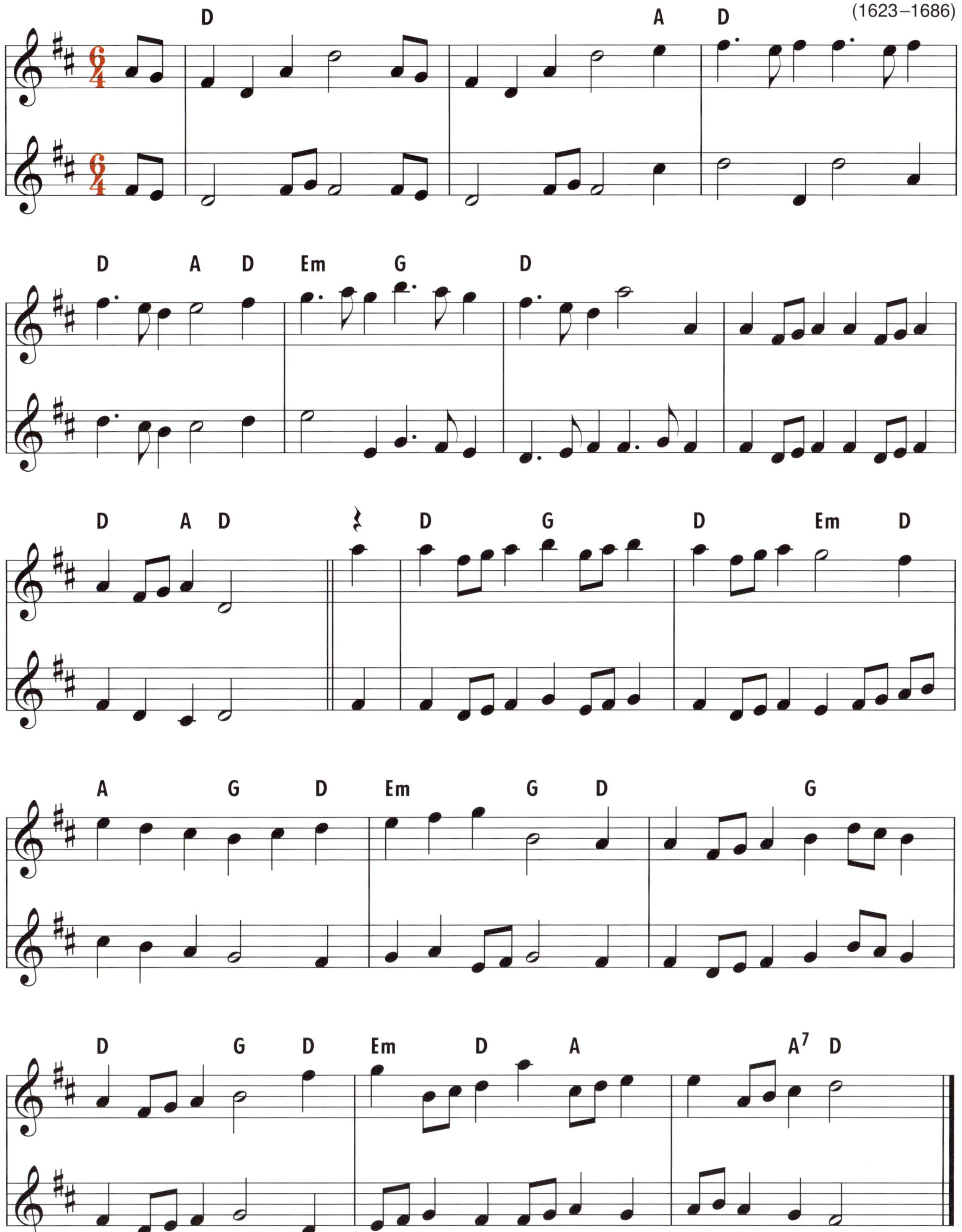

D A D
D A D Em G D
D A D D G D Em D
A G D Em G D G
D G D Em D A A7 D

Banana Boat Song

54

trad.

67

C
Day, oh! Day, oh! Day-light come and we
G C
wan-na go home Day, oh! Day, oh!
C G7 C
Day-light come and we wan-na go home. Come, Mis-sa Tal-ly-man,

Fine

Dm G7 C G C
tal - ly me ba - na - na, day - light come and we wan - na go home.
C Dm G7 C
Come, Mis - sa Tal - ly - man, tal - ly me ba - na - na, day - light come and we
G7 C
wan - na go home. Have six foot, sev - en foot, eight foot bunch.
C G C
Day - light come and we wan - na go home six foot, sev - en foot,
C G7 C
eight foot bunch. Day - light come and we wan - na go home.
D.C. al Fine

Zehentanz

B. E.

68

G D7 G D7 G

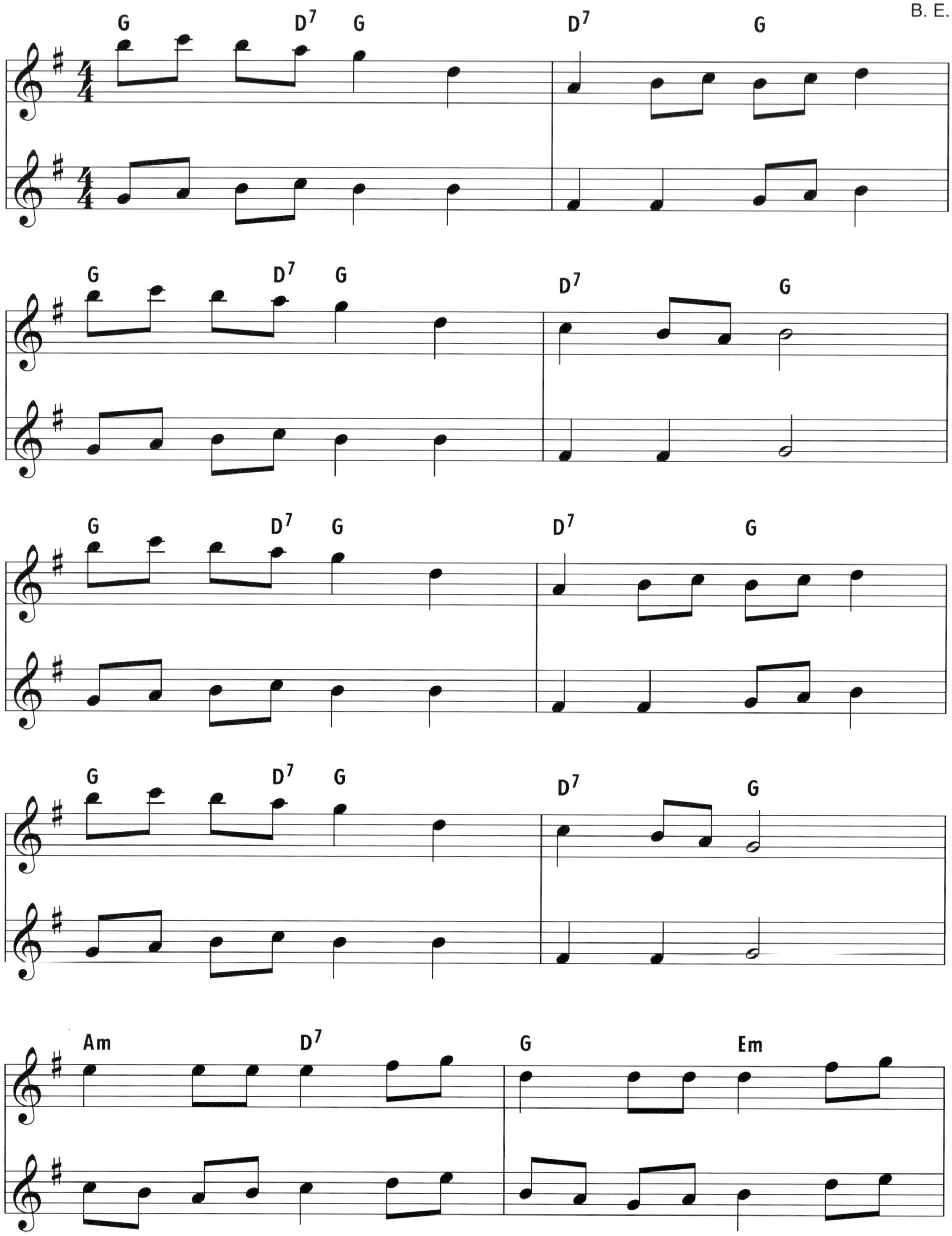

G D7 G D7 G

G D7 G D7 G

G D7 G D7 G

Am D7 G Em

Am
D7
H
Em
E
Am
D7
Hm
Em
Am
D7
G
D7
G
D7
G
G
D7
G
D7
G

Badine

Ph. de Lavigne
(ca. 1690–1750)

69

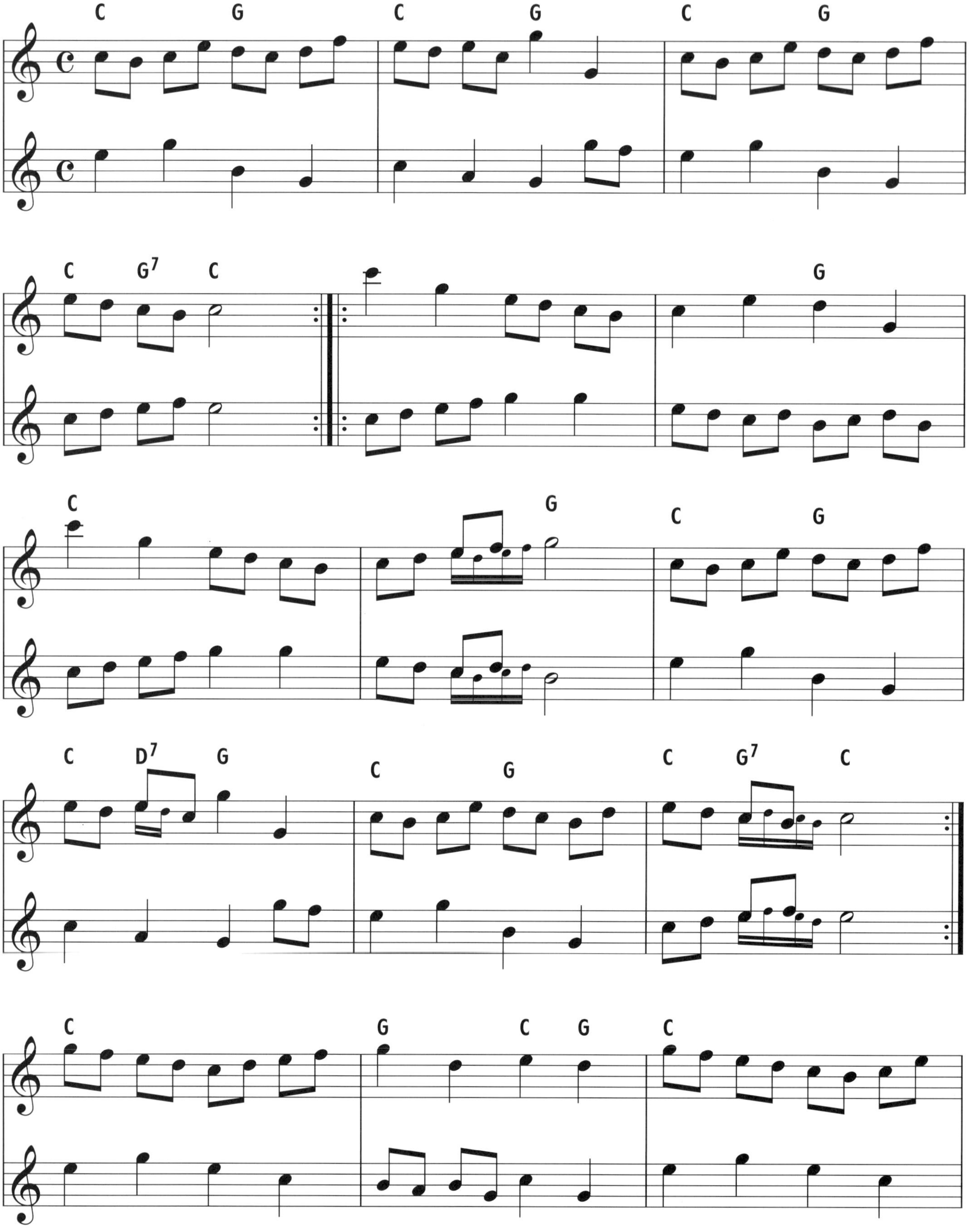

C G C G C G

C G7 C G

C G C G

C D7 G C G C G7 C

C G C G C

Welche Finger greifen?

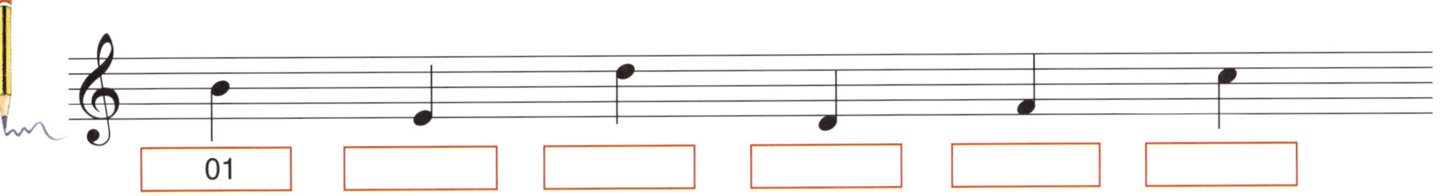

Welcher Ton erklingt?

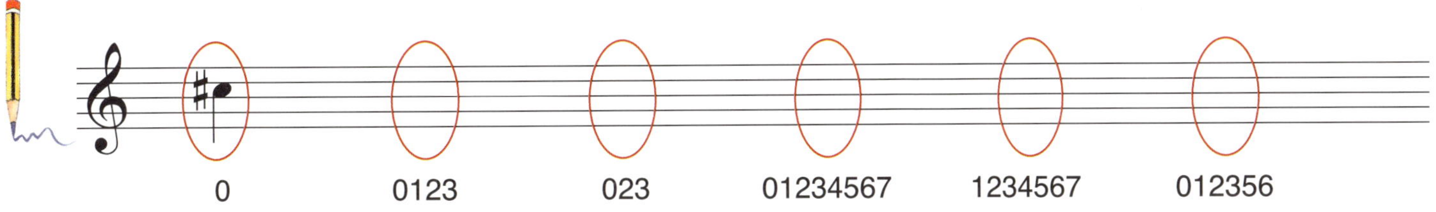

Tonleitern und Dreiklänge

D-Dur

B-Dur

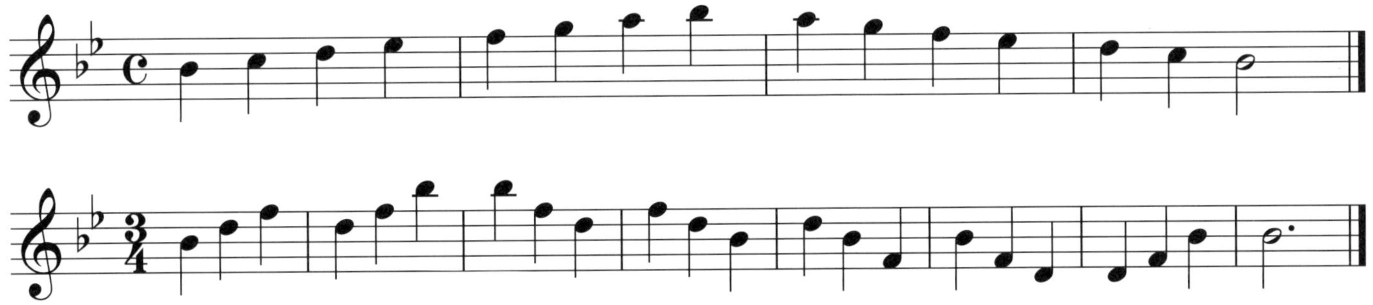

A-Dur

Es-Dur

Besonderheiten 3

Akzent

Die besondere Betonung eines Tons

Crescendo

Allmählich lauter werden

Decrescendo

Allmählich leiser werden

Mordent

Kurzer Triller im Wechsel mit der unteren Nebennote

Accelerando

Allmählich schneller werden

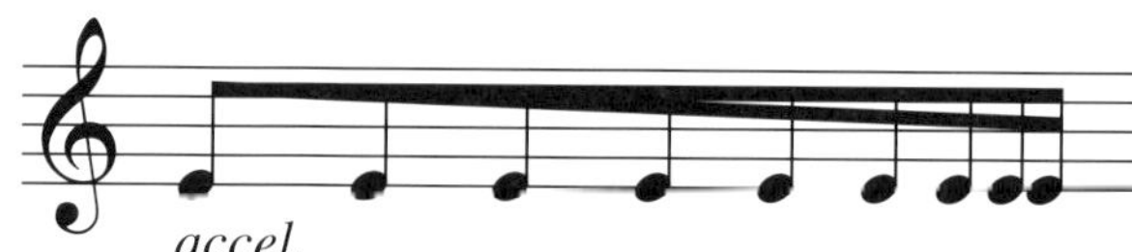

Ritardando

Allmählich langsamer werden

Laut und leise

pp	=	pianissimo	=	sehr leise
p	=	piano	=	leise
mp	=	mezzopiano	=	mittelleise
mf	=	mezzoforte	=	mittellaut
f	=	forte	=	laut
ff	=	fortissimo	=	sehr laut

Freies Fingerspiel

Die Finger bewegen sich schnell und unkoordiniert auf der Flöte,
die Zunge artikuliert dazu schnell und kurz.

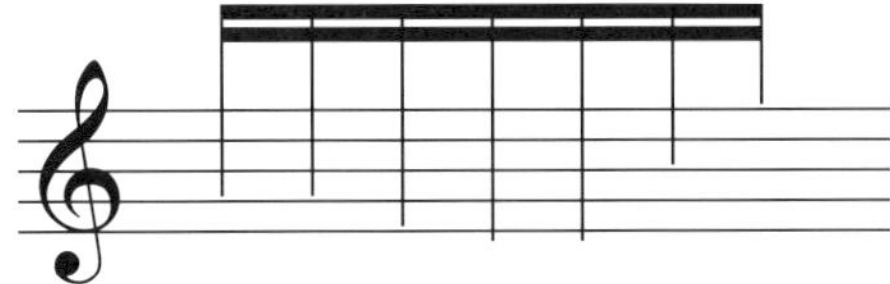

Übergang

Die kleinen Noten dienen nur als ungefähre Tonhöhenorientierung in freiem Rhythmus.
Die Finger lösen sich allmählich davon und werden immer schneller.

Daumenglissando

Nur der Daumen gleitet langsam vom Daumenloch.
Die anderen Finger verändern nicht ihre Position.

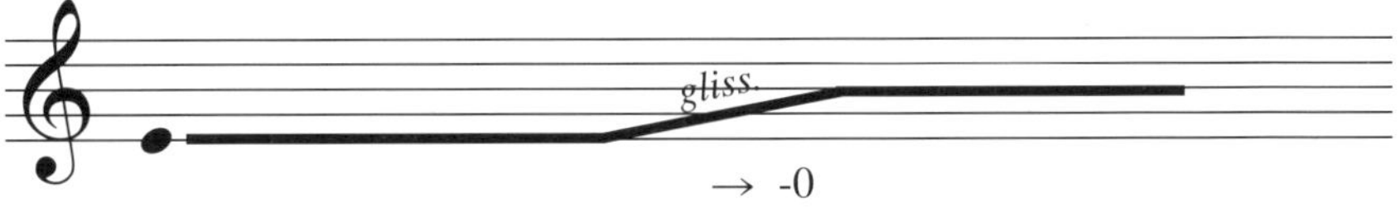

High Points

B. E.

70

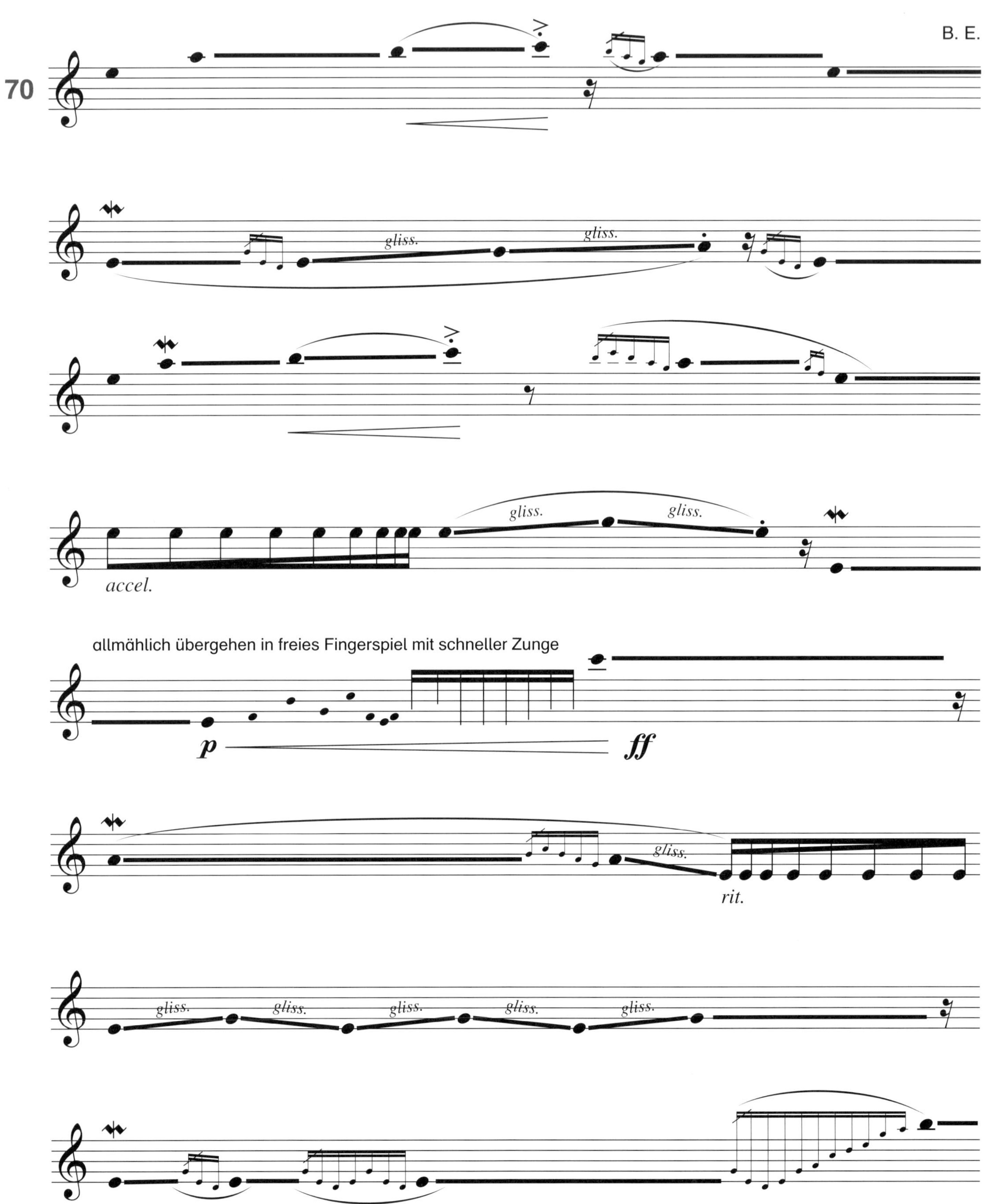

gliss.
→ -0
(Daumenglissando)

Auflösungen

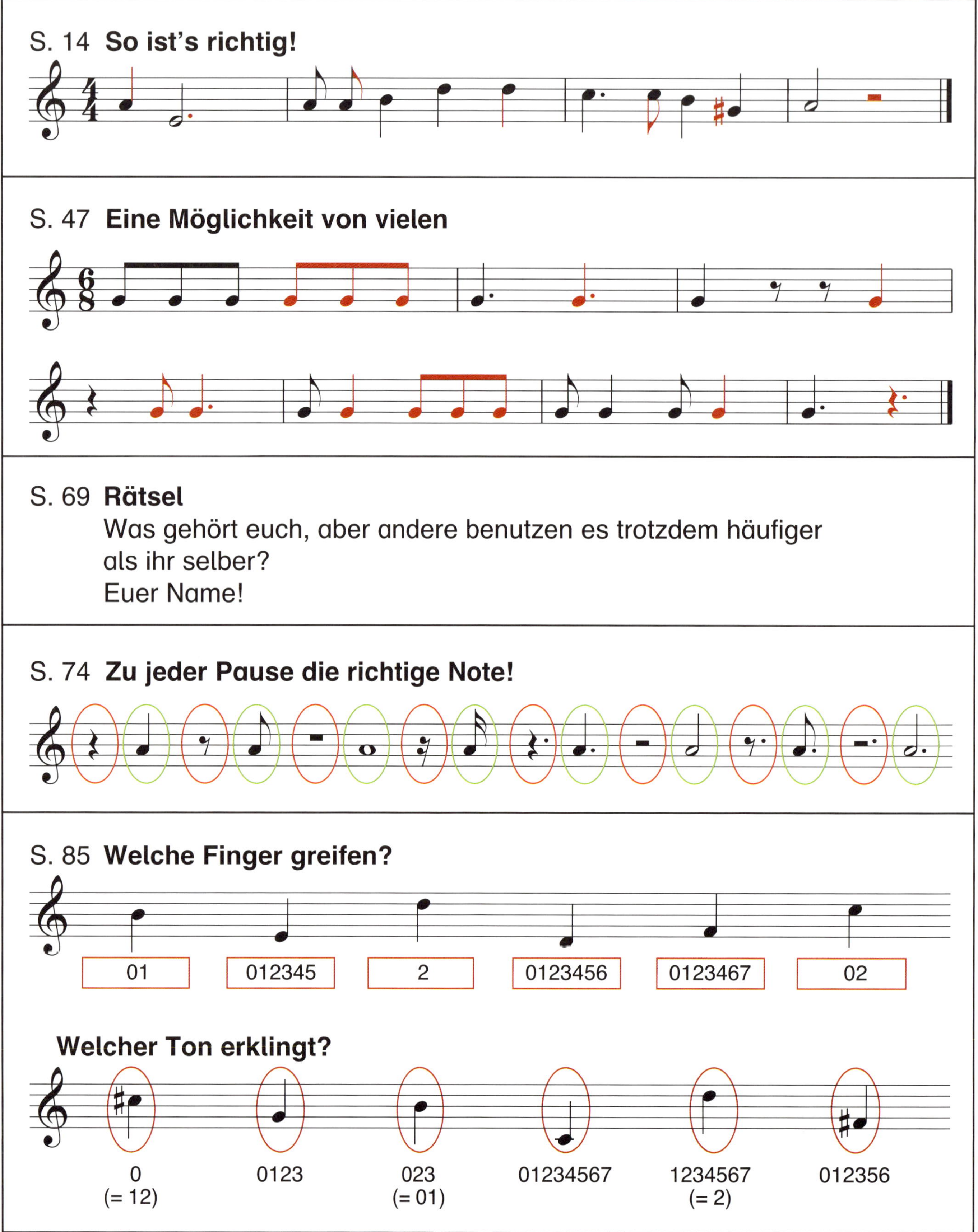

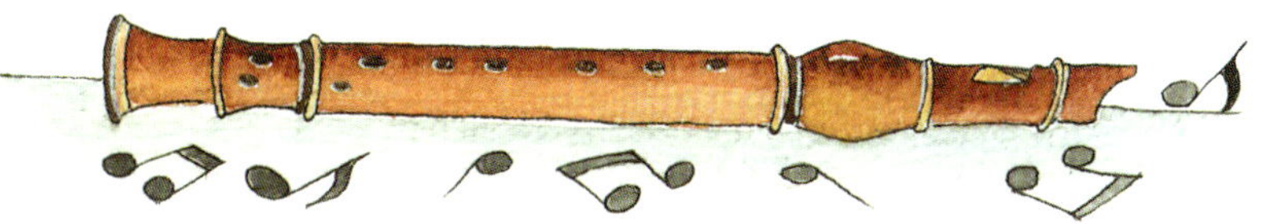

Liederverzeichnis

Grifftabelle

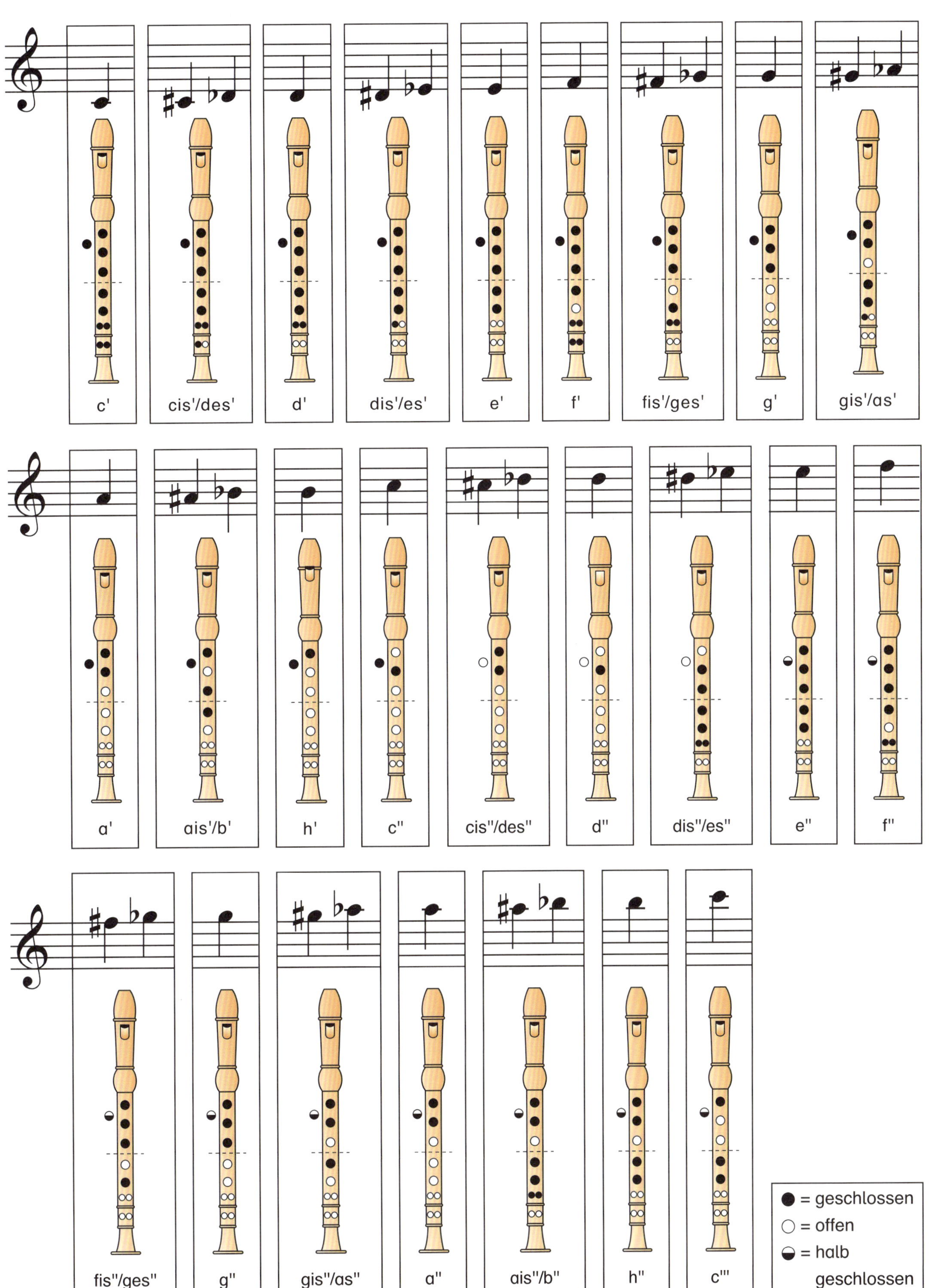

Audio-Liste

Produziert und arrangiert von Jo Barnikel

Aufgenommen 2012/2022 im *Ewood-Studio* in Nürnberg

Mitwirkende:
Jo Barnikel: Klavier, Keyboards, Akkordeon, Programming, Bass, Gitarren, Ukulele, Percussion, Gesang, Tenorblockflöte, Kuhflöte, Cornett – Jo Barnikel spielt Meinl-Percussion und Ortega-Ukulelen.

Barbara Ertl: Blockflöten (Sopranino, Sopran, Alt, Tenor, Bass), Gesang

Jessica Hartlieb: Geige

Cornelius Bönsch: Cello

Anna-Maria und Jakob Ertl: Gesang

Richard Kleinmaier: Gesang

Johanna, Clara und Charlotte Steiner: Gesang